新边界 新世界

明矾

贸易传奇与跨越时代的影响力

[德]西德尼·索恩 —— 著

王梓涵 —— 译

重庆出版社

Copyright © Sydney Thorne, 2024
The simplified Chinese translation rights arranged through Rightol Media
（本书中文简体版权经由锐拓传媒取得 Email:copyright@rightol.com）
版贸渝核字（2024）第243号

图书在版编目（CIP）数据

明矾 : 贸易传奇与跨越时代的影响力 / （德）西德尼•索恩著 ; 王梓涵译. -- 重庆 : 重庆出版社, 2025.7. -- ISBN 978-7-229-20310-8
Ⅰ. F450.9
中国国家版本馆CIP数据核字第2025SY7667号

明矾:贸易传奇与跨越时代的影响力
MINGFAN:MAOYI CHUANQI YU KUAYUE SHIDAI DE YINGXIANG LI
[德]西德尼•索恩 著　王梓涵 译

策划编辑:秦　琥
责任编辑:彭昭智
责任校对:杨　媚
装帧设计:李南江

▲重庆出版社 出版

重庆市南岸区南滨路162号1幢　邮编:400061　http://www.cqph.com
重庆出版社有限责任公司品牌设计分公司制版
北京毅峰迅捷印刷有限公司印刷
重庆出版社有限责任公司发行
全国新华书店经销

开本:890mm×1240mm　1/32　印张:8.25　字数:200千
2025年7月第1版　2025年7月第1次印刷
ISBN 978-7-229-20310-8
定价:75.00元

如有印装质量问题,请向重庆出版社有限责任公司调换:023-61520678

版权所有　侵权必究

致谢

感谢安德鲁·索恩和尼基·索恩审阅书稿,并为改进内容提出了宝贵建议。

也衷心感谢伊姆加德和全家人一直以来的支持,以及对我滔滔不绝谈论明矾的耐心倾听。

目录

致谢 i

1 明矾？从没听说过！ 001

2 哈里杰：沙漠中的明矾 011

3 明矾、中国与第一次信息技术革命 029

4 骗子手中的明矾 037

5 明矾、威尼斯与热那亚 049

6 布鲁日和南安普顿的明矾 067

7 明矾、奴隶与黑死病 079

8 明矾与奥斯曼人 101

9 意大利的明矾过剩与危机 117

10	明矾、教皇与一场惊天骗局	129
11	明矾与流亡大亨	151
12	明矾、宗教改革与一场骗局	161
13	约克郡的明矾	181
14	明矾、印度与全球贸易	201
15	明矾、两位女性与垄断	209
16	明矾、面包与恐龙	225
17	终结与余波	241
18	明矾、一个未解之惑与一个意外的答案	251

1 明矾？从没听说过！

它原本无处不在，但奇怪的是人们一直对它视而不见。

埃及人至少在公元前1500年的时候就开始交易它了。它让东罗马帝国变得如此富有，以至于能够对抗敌人并屹立不倒1500年之久。它还为萨拉丁①和他的继任者们提供了击退十字军的利器。中国皇帝也曾声称对其拥有垄断权。奥斯曼帝国则用销售它所带来的收入建造了他们那座传说中的宫殿。热那亚人甚至依靠它在地中海上建立了一个帝国。当1461年有人在罗马附近发现它的踪迹时，教皇为此专门感谢了上帝。他十分确信，它将为他带来"对土耳其人的胜利"。

在英格兰，它曾被人们疯狂地提炼过，以至于人们从约克郡海岸的悬崖上切下了数百万吨的岩石。工厂如雨后春笋般建了起来，并雇佣了大批的工人，港口也是一样，这些原料以工业规模进行了化学处理——这操作甚至要比工业革命

---

① 萨拉丁·本·阿尤布（1137—1193年），库尔德人，中世纪穆斯林世界杰出的军事家、政治家，埃及阿尤布王朝的创建者（1174—1193年在位）。萨拉丁为人慷慨，清廉刚正，广受赞誉。因在伊斯兰文明抗击十字军东征中表现出的军事才能和领袖风范闻名于基督徒和穆斯林世界。西方学者誉之为具有"骑士风度的君主"，埃及和阿拉伯人民则给予他"民族英雄"的殊荣。——译者注

还早了整整 150 年。法国化学家让·安托万·夏普塔尔[①]在 1787 年甚至这样评价过——它要比金银更有价值。

那么这个备受追捧的"它"究竟是什么呢?

答案正是明矾。

不,不是铝。是明矾[②]。

好吧,你可能从未听说过这种东西,但这没什么好奇怪的。因为大多数人都没有听说过它。然而,制革工人用来鞣制皮革的是明矾。陶工给陶器上色用的是明矾。铁匠用来淬火剑刃也是一样,医生止血用的还是明矾。金匠用明矾来提炼真金,骗子则用它来造假。明矾也曾被用来制造不晕染墨水的纸张,以及制作隐形墨水。威尼斯人在制造他们著名的玻璃时使用过明矾。明矾还可以用来精炼糖、保存食物和去除污渍。在木材制作方面上,它是一种阻燃剂。它可以使浑浊的水变得清澈,使其适合饮用。与乳香混合时,它还能被用来填补牙洞。

以上这些还只是冰山一角。几个世纪以来明矾已经成为世界经济中不可或缺的商品,而其背后真正的原因在于它在几个世纪以来世界上最重要的行业——羊毛布生产中起到了关键性作用。

如今,由工厂大规模生产出来的布料是如此便宜且随用随扔,以至于现在的人们几乎无法再将羊毛布视为某种极其有价值的产品了。但在几百年前,它却贵如黄金,因此,从佛兰德斯[③]、意大利到中东、波斯、印度以至于中国的城市财富都曾来源于羊毛布的生产。

很显然,每个人都需要布料才有衣服穿。然而,由于每一块布上的每一针都是手工编织的,因此即便是一小块布也需要数小时才能制作完成，所以与今天的布料价格相比，它们才会异常昂贵。至于像床单这样的大块布料，它们通常要比存放它们的木箱更有价值，并且还会出现在遗嘱中，被单独指定为一代人传给下一代人的珍贵资产。

优质的羊毛，经过手工剪裁和梳理后，价格会变得异常之高，以至于伦敦议会上议院议长的座位（至今仍然）不是一把椅子，而是一个装满羊毛的垫子：因为任何一个拥有如此多羊毛的人，都被视为不需要贿赂了。将羊毛纺成线并织成布，其价值还会进一步增加。布料贸易的财富反映在了布鲁日、根特、伊普尔等佛兰德斯城市里那宏伟、装饰华丽的中世纪布料大厅中，这些大厅与任何教堂甚至大教堂一样富丽堂皇。

而最后，如果有人能给布料上色，则会让其价值再次上升。这就是为什么只有富人才能买得起彩色布料，他们毫不掩饰地炫耀着身上的色彩，无论是女士的披肩和裙子，还是男士的束腰外衣、紧身上衣和斗篷，或是靠垫、窗帘、桌布和其他软装饰，甚至是商船的帆布。与黄金或珠宝一样，彩色布料变成了主人身份地位的一种公开证明。

---

① 让·安托万·夏普塔尔（1756年6月4日—1832年7月30日），法国化学家，曾在蒙彼利埃建立了法国第一个商业生产硫酸的工厂。其最重要的著作是《工艺应用化学》，发行于1807年。这是世界上第一本专门写工业化学的著作。——译者注
② 明矾的英文为alum,而铝则是aluminum，因此容易混淆。——译者注
③ 佛兰德斯又译法兰德斯，意为"泛水之地"，是西欧的一个历史地名，泛指位于西欧低地西南部、北海沿岸的古代尼德兰南部地区，包括今比利时的东弗兰德省和西弗兰德省、法国的加来海峡省和诺尔省、荷兰的泽兰省。——译者注

但为什么加了颜色就会让布料变得如此昂贵呢？天然染料其实并不缺乏。红色可以从茜草的根提取，这种植物在南欧、北非和中亚广泛生长。①菘蓝的叶子可以提取出蓝色，这种植物的生长范围甚至还要更广一些。洋葱皮、矢车菊和多花菊能提出黄色，地衣则是紫色，紫丁香花与毛地黄一起煮沸会产生绿色。菘蓝加入黄色染料也能变成绿色。一位染匠所拥有的可能性其实是无穷的。

但问题是，这些颜色大多都不"牢靠"。如果布料接触到水，颜色就会流失。而且布料被阳光曝晒还会褪色。由此一来，染匠发现要想让染料不会在洗涤过程中流失，或者让布料不会在刚穿上没几天时就因为站在雨中或是阳光下褪色，就必须找到一种新产品，能够将颜色永久固定在布料上。而最好的固定剂，或者说媒染剂，就是比任何由树皮和叶子制成的混合物都要好的明矾。

明矾能够打开羊毛的鳞片，使染料更好地渗透到纤维中去。在染色过程中使用明矾，颜色就会变得安全牢靠了。你便可以无比自信地穿着你的衣服，炫耀你的财富。因为颜色不会再流失。也难怪明矾会如此价格高昂。

并且明矾不仅仅能固定染料。明矾还能让颜色变得更加深沉、更加奢华。因此，富人越是渴望色彩，染匠和布料制造商对明矾的需求就越大。正如16世纪意大利科学家瓦诺乔·比林古乔所说的那样，明矾"对染匠来说就和面包对人一样重要"。

因为如果你能遍数人类历史长河中的所有文化，你就能发现政府里、教会中甚至战场上的富人和权贵们总是穿着最华丽的彩色衣服。莫卧儿和阿兹特克宫廷里总是散发着奢华的色彩。欧洲文艺复兴和都铎王朝的宫廷里也一直在炫耀着浮夸的颜色。中国和罗马的皇帝甚至各自为自己保留了一种专有的颜色——前者是黄色，后者是紫色。[②] 世界各地的精英们对颜色是如此之痴迷，以至于他们通过了限制平民使用颜色的禁奢法。富人因此可以为自己保留最鲜艳的颜色。而明矾才是让这些颜色成为可能的神奇成分。

即使是世界上那些形形色色宗教里的牧师、伊玛目[③]和长老们所穿戴的纯白色长袍和头饰，这种原本想要表达谦逊的外在标志，也只能通过明矾来实现。

难怪明矾的需求量会是如此之高。但它的原产地其实并不多。几个世纪以来，人们只能在地中海及其周边地区获得明矾。这远离能产出最好羊毛的英格兰羊群[④]，远离能织造出最好布料的佛兰德斯织工。因此，明矾就必须经过一个购买、运输和交易的过程。而谁能垄断这个市场，谁就能富可敌国。

---

① 地中海东部地区通过干燥雌性胭脂虫（学名 *Kermes vermilio*）躯体可制得更为浓烈的红色，其学名正是英文"朱红"（vermilion）一词的词源。
② 自亚历山大·塞维鲁统治时期（225—235年）以后的罗马诸帝——包括拜占庭诸帝（即东罗马帝国）——皆沿袭此制。
③ 伊玛目是伊斯兰教职称谓。阿拉伯语音译，意为"领拜人""表率""率领者"。指清真寺内率领穆斯林群众举行拜功的领拜师，与中国清真寺的阿訇相同。什叶派强调伊玛目的宗教性，指伊斯兰宗教团体组织内部地位最高的领导人，即宗教领袖。在逊尼派中，伊玛目一词没有宗教领袖的含义，多用于称呼教义学、教法学、圣训学、经注学、哲学等领域的高级学者，以及各伊斯兰教学派的思想、理论奠基人。——译者注
④ 顶级羊毛当属赫里福德郡与什罗普郡的边区羊毛（即威尔士边区）、格洛斯特郡、伍斯特郡及牛津郡的科茨沃尔德羊毛。

*

那么，明矾到底是什么？为什么大多数人从未听说过它？如果它真的支撑了世界各地的社会财富，那么为什么历史书中很少提到明矾呢？

明矾其实是一种由两种不同硫酸盐化合物组成的盐：硫酸铝钾或硫酸铵盐。① 在其纯净状态下，明矾是一种晶体或粉末，这对于染色过程至关重要，因为它可溶于水。自然界存在着少量的明矾晶体，但大多数明矾都是通过燃烧和浸泡一

明矾晶体
这是制造过程结束时形成的明矾晶体。其能作为媒染剂沿用数百年，关键之处在于可溶于水。如今它被用作腌制剂、除臭剂以及止血笔（用于止住轻微出血）（来自维基共享资源）

---

① 尽管现代术语"明矾"特指铝钾双硫酸盐［$Al_2(SO_4)_3 \cdot K_2SO_4 \cdot 24H_2O$］、铝铵双硫酸盐［$Al_2(SO_4)_3 \cdot (NH_4)_2SO_4 \cdot 24H_2O$］或其混合物，但历史上该词亦涵盖所谓"天然明矾"——其中绝大多数于中世纪末期发现于地中海沉积层或矿物结核中。

种叫做明矾石或是后来称为明矾页岩或片岩的岩石而获得的。

那些能够提取和交易明矾的人可以攫取大量财富。但与丝绸、香料、珍珠、黄金和异国木材不同，明矾并不是一种在富人家中占据显赫位置的装饰品。那些因为明矾而受益的人，也就是购买了奢华的服装以及挂毯的人，对染色是如何产生和固定的并不特别感兴趣。他们从未见过或是亲自接触过明矾。中世纪末期以及文艺复兴时期的画家们虽然都喜欢在由明矾制成的奢华彩色布料上纵情绘画，但他们却从未画过明矾本身。

因此，明矾仍旧扮演着幕后英雄的角色，只有那些生产和交易它的人才知道它。它是染匠、制革工人和其他懂它的工匠以及买卖它的商人的秘密。它的使用证据存在于每一码彩色布料上，存在于那些用来制作腰带和装订书籍的皮革里，但明矾本身仍然不可见。甚至对于考古学家来说明矾也是不可见的。黄金、铁、陶器甚至木材都可以被后人挖掘出来，但明矾作为一种盐，它会腐烂掉。随着时间的推移，它真的会从这个世界上消失。

至于为什么历史书中没有提到过明矾，即使是像我这样的明矾爱好者也不得不承认，与胡椒、石榴、菠萝、藏红花、肉桂、丝绸、缎子和锦缎等商品相比，明矾实在是难以惹人喜爱。在贸易过程中，它通常被作为压舱物装在臭气熏天的船舱底部。从明矾石或明矾页岩中提取明矾的材料之一便是人类的尿液：大量的尿液被装在臭气熏天的桶中用马车或是船只运来运去，储存时的气味也不可能有什么改善。并且，明矾页岩并不是一个多好听的词。它看上去不像是艺术家渴望描绘或是历史学家愿意研究的东西。

至于为什么今天明矾的交易如此之少，原因很简单。19世纪人们发明了更便宜的合成媒染剂，以及自身含有固定剂的合成染料，宣告了明矾制造业和贸易的终结。明矾仍然是止血笔中的一种成分，用于止住小伤口的出血，并且被当成须后水或皮肤美白剂备受推崇。但它不再像过去那样在世界贵重品交易中扮演着关键角色。随着明矾工厂的废弃和采石场的衰败，明矾已经从公众意识中消失了。我们仍在欣赏中国和波斯版画中色彩斑斓的织物，以及佛兰德斯和意大利绘画中那些发着光的斗篷和裙子，但使这些颜色成为可能的明矾已经从人们的记忆中消失了。

尽管如此，明矾还是有过辉煌的历史。它被提取、交易和珍视了3000多年。而这本书将会为您讲述一些有关它的迷人故事。

2

哈里杰：沙漠中的明矾

看看古代世界的地图吧，一眼望去，你绝不会认为埃及的哈里杰绿洲是那种大有前途的国际贸易站点。

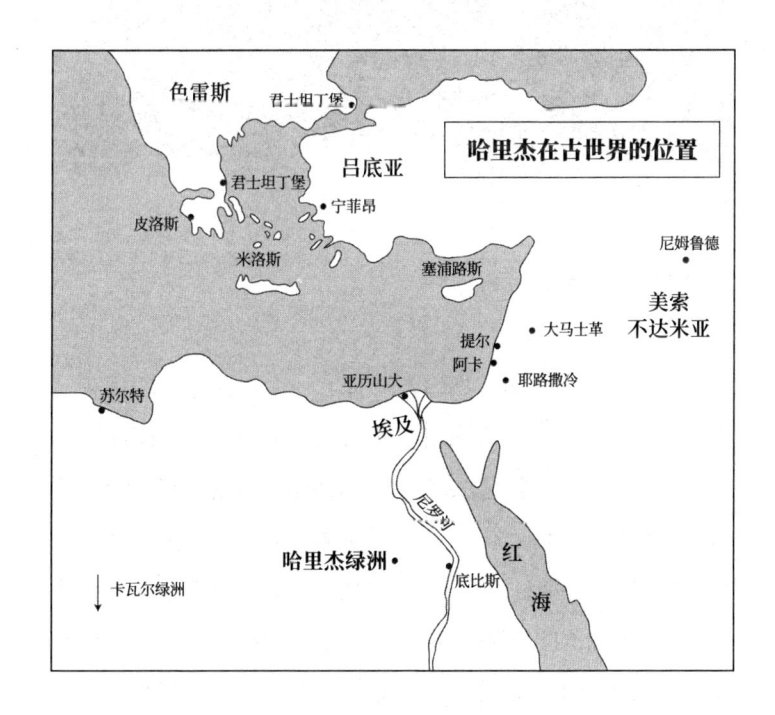

哈里杰在古世界的位置

哈里杰绿洲位于埃及西部沙漠的深处，远离尼罗河，难以便捷地前往繁荣的波斯和美索不达米亚市场。其北、南、西三面均是数千英里极度干旱的土地，而东面则是约 120 英里的沙漠和高达千英尺的悬崖，将其与尼罗河谷的灌溉农田隔开。要是看一眼气象图的话你就会发现，6 月时这里的气温通常高达 50°C，而 1 月则会降至 0°C。这样的环境似乎不太可能成为所谓"富饶的文化十字路口"。

哈里杰绿洲
位于尼罗河西侧沙漠中的哈里杰绿洲，曾是跨撒哈拉的"四十日之路"贸易路线上的重要中转站。此处明矾最初以蒸发沉积物的形式存在于不断萎缩的绿洲湖泊边缘，后期则需通过开采获取（来自维基共享资源）

然而，古代的哈里杰绿洲却拥有一个出人意料的优势。首先，它的规模就令人惊讶。我从未想象过一个沙漠绿洲可以长达 100 英里，宽达 22 英里，这还是今日的哈里杰绿洲的面积。而在公元前 1000 年，它的面积比现在还要大得多，有充足的空间种植粮食以养活大量的人口。[①]另外这里还有葡萄园，哈里杰的葡萄酒非常珍贵，以至于在图坦卡蒙法老的陵墓中就发现了一罐这种酒。绿洲中心的一个大湖则为整个社区提供了水源，这里不仅有农民、牧民和牲畜饲养者，还有工匠、士兵、商人和祭司。祭司们在神庙中服务，比如建于公元前500年的希比斯神庙[2]，这座神庙则是建在一个更古老的神庙遗址上。所以说，哈里杰确实是一个古代文化的发源地。

此外，古代的哈里杰绿洲并非与世隔绝，事实上，它正是通过沙漠与外界保持着紧密相连。这得益于一场比1907年英国修建的西绿洲线或如今连接哈里杰与尼罗河谷的柏油路更为根本的交通革命：单峰驼和骆驼的驯化。至少从公元前9世纪起，骆驼便取代了远不适合沙漠环境的驴子作为沙漠中的驮畜，使得跨沙漠贸易达到了前所未有的规模。骆驼比驴子需要的水源更少，且能承载更多的货物，因为人们不用再专门为骆驼携带食物和水了。很快，骆驼商队便开始在达尔布·阿尔巴因[3]商道上运送来自努比亚和达尔富尔的黄金、象牙和鸵鸟羽毛，人们穿越撒哈拉沙漠到达哈里杰，再从那里运往尼罗河谷或红海的港口。而在这条商道的最后一段，骆驼自然而然也运送一些哈里杰的本地特产：其备受赞誉的葡萄酒、盐（用于保存食物）、泡碱（用于制作木乃伊）以及明矾。

---

[1] 哈里杰与达赫拉现为两处独立的绿洲，而古时则彼此连通，合称"大绿洲"。
[2] 希比斯神庙最早建于埃及新王国时期，但在赛易斯王朝时期重建而且波斯的第二十七王朝国王大流士也增加了部分建筑。——译者注
[3] 达尔布·阿尔巴因是位于埃及南部的一个地区，属于撒哈拉沙漠的一部分。这个地区以其独特的地理特征和历史背景而闻名。——译者注

*

在哈里杰绿洲中心的湖泊周围，天然明矾晶体[①]是非常容易找到的。随着沙漠的高温，湖泊一直处于逐渐萎缩状态，就和今日的死海一样，而湖水蒸发后便留下了矿物晶体，其中许多就是明矾晶体。从地面上刮下这些晶体其实并不难——而我不禁好奇的是，到底是谁第一个想出用它们来固定布料颜色这个绝妙点子的？这一发现是起源于埃及，还是其他也出产明矾晶体的国家？我们已经无从得知了。[②]有人认为，制革工人可能是最早一批使用明矾的人。他们发现，如果用明矾鞣制的皮革（这一过程当时被称为"硝制"），会比用植物鞣制或用油或烟熏处理的皮革更柔软、更有弹性，也更容易上色。可能是染匠借鉴了他们的想法。

我们从考古证据中得知，埃及的染匠在公元前1500年之前，甚至可能追溯到公元前2000年[③]，就已经使用明矾作为媒染剂与茜草一起将布料染成红色了。明矾还被用于医学：公元前1500年左右纸莎草上的医学文献中提到了26次明矾，主要用于止血。对于肋骨拉伤，建议的治疗方法则是在每天用蜂蜜处理伤口之前，先敷上一条涂有明矾的绷带。

工匠们还在装饰艺术中使用明矾。将小雕像放入明矾、铜合金和醋的沸腾溶液中，雕像表面就会形成深黑色的光泽或是一层绿锈，随后可以通过镶嵌小块金银来进一步美化。慕尼黑埃及博物馆中的一条鳄鱼雕像就是一个很好的例子：看看它吧，你很难相信4000年前人们就已经开始使用如此复杂的工艺了。这也正是明矾的神奇之处。

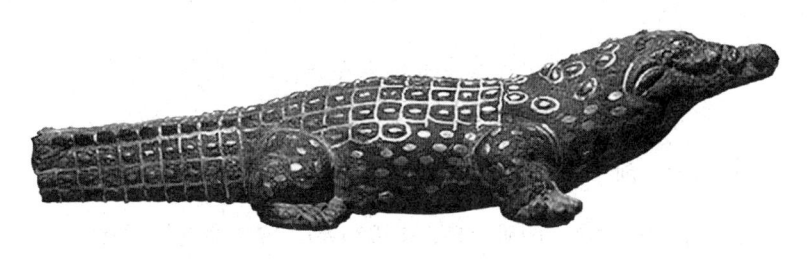

明矾在装饰艺术中的运用

早在近4000年前，埃及工匠便将雕像浸入明矾、铜合金与醋的混合溶液中，赋予其深色金属光泽（氧化层），与抛光金银区域形成鲜明对比。这件藏于慕尼黑埃及艺术博物馆的鳄鱼雕像约制作于公元前1800年（来自维基共享资源）

新王国时期[4]（以图坦卡蒙、纳芙蒂蒂和拉美西斯二世等著名人物为代表）流行的独特的钴蓝色玻璃和陶瓷，这种颜色也是通过使用明矾实现的。这时候使用的明矾很可能就是来自哈里杰绿洲，因为哈里杰的明矾盐富含钴元素。公元前13世纪建造的拉美西斯在卢克索的宏伟宫殿中的铭文列出了埃及当时最重要的资源及其产地，哈里杰及其明矾赫然在列。

当然，这样一种在染色、制革、医学和装饰艺术中用途如此广泛的矿物很快便在古代世界广受欢迎了，这让哈里杰一举登上了国际贸易的版图。公元前1600至前1200年，希腊南部皮洛斯城的泥版上就记录过明矾的进口：一批明矾交换

---

[1] 天然明矾以晶体或絮状丝缕形态存在。而在"古代语境中，'明矾'……乃是对天然生成的铁铝硫酸盐不纯混合物的统称"。——出自博根斯佩格的《古埃及明矾：文献考据》。

[2] 达赫拉与阿萨布地区蕴藏明矾石矿层。

[3] 古代文献对明矾及其类属矿物的表述具有多义性，令人难以精准对应具体物质。矾类化合物与明矾的界定尤显模糊——譬如4000年前的苏美尔矿物志便将矾类化合物列为纺织业的媒染剂。

[4] 约公元前1550年起。

了相当于今天的130公斤羊毛和10匹布料，另一批则交换了6公斤羊毛、4只羊、3匹布料、288升葡萄酒和384升无花果。一块约公元前1000年的泥版用楔形文字记录了在美索不达米亚进行的233迈纳①明矾交易，1迈纳要用$17\frac{2}{3}$谢克尔②的钱币来换。③在这份记录中，还特别注明了明矾的原产国：埃及。

公元前879年，当亚述国王亚述纳西尔帕二世召集来自帝国各地的工匠为他位于今摩苏尔以南的新首都尼姆鲁德④的宫殿进行装饰时，他确保其中至少有一名明矾工匠。这样，当他为近7万名宾客举办宴会以庆祝新城的落成时，他就能保证王室服饰和宫殿软装饰中的颜色既鲜艳又持久了。一份亚述文献甚至详细记录了染色过程中明矾的使用量：例如，靠垫的染色需要$4\frac{2}{3}$迈纳的明矾和14迈纳的茜草。

随后，当亚述人在公元前671年入侵埃及时，他们控制了富含明矾的哈里杰绿洲以及尼罗河谷。历史学家希罗多德⑤举了一个这一时期长途贸易的例子：公元前548年，德尔斐

---

① 迈纳是古代两河流域地区的重量单位，换算成现在的单位，1迈纳大约相当于480克。——译者注
② 谢克尔也是古代两河流域地区的重量单位，主要被古希伯来和古巴比伦人用来衡量钱币的重量。——译者注
③ 迈纳制与磅制相同，兼具重量与货币双重单位属性。
④ 尼姆鲁德城又称卡尔胡。
⑤ 希罗多德（约公元前484—前425年），古希腊作家、历史学家，他把旅行中的所闻所见以及第一波斯帝国的历史记录下来，著成《历史》一书，成为西方文学史上第一部完整流传下来的散文作品，希罗多德也因此被尊称为"历史之父"。——译者注
⑥ 吕底亚是小亚细亚中西部一个古国（公元前1200—前546年），濒临爱琴海，位于当代土耳其的西北部，其居民的语言为印欧语系中的安那托利亚语，以其富庶及宏伟的首都萨第斯著称，它大约在公元前660年开始铸币，可能是最早使用铸币的国家。——译者注

的阿波罗神庙意外被大火烧毁，埃及法老阿玛西斯二世送去了26吨（令人吃惊！）埃及明矾以帮助重建。公元前6世纪埃及明矾的贸易在美索不达米亚出土的文献中也得到了证实。

*

又过了六代人，波斯人开始行动了。首先，在公元前546年，他们击败了吕底亚国王克罗伊斯。吕底亚（位于今土耳其西部）这个国家⑥现在已经逐渐被人遗忘了，但其国王的财富却是那样惊人，以至于"和克罗伊斯一样富有"这个说法一直流传至今。这句话也是和我们的故事有所关联的，因为克罗伊斯那传说中的财富正是源于明矾的另一种奇妙用途——当吕底亚人将他们在河床中发现的黄金、铜和银的合金与盐和明矾一起加热到近8000摄氏度时，铜和银便会分离出来，只留下纯金。因此，多亏了明矾，来自吕底亚的黄金可以确保纯度，而吕底亚国王克罗伊斯也自然而然就成为了世界上第一位发行金币的君主。

在征服了吕底亚后，波斯人又攻占了巴比伦，并于公元前525年征服了埃及。正是波斯人在公元前500年建造了哈里杰的希比斯神庙，神庙的墙壁上描绘了波斯国王大流士一世的形象。然而，对我们讲述的明矾故事至关重要的一点是，波斯人因此带来了他们那惊人的隧道挖掘技术。

几个世纪以来，波斯人开发出了一种通过挖掘隧道从而利用地下水源的工程技术，这些隧道以一定角度倾斜，使水流向田野和花园中需要的地方。这些隧道系统被称为坎儿井，规模可以非常庞大。其中最长的坎儿井之一于公元前1000年在波斯中部的扎尔钦①被挖掘成功，长度达到了惊人的70英里！

当波斯人到达哈里杰时，绿洲中心的湖泊已经进一步缩小了，因此征服者便通过挖掘岩石隧道以改善供水。他们在这里进行了大规模的挖掘工程，因为在20世纪初人们清理哈里杰绿洲附近的一条坎儿井时，发现波斯人当年靠人工搬运了大约1.1万吨岩石来才得以建造了坎儿井。更重要的是，这条坎儿井建造得是如此精良，以至于人们清理之后仍能通上水，就像2000多年前一样。

凭借这样的技术，波斯人很可能挖掘了哈里杰的第一批明矾矿，或者极大地扩展了任何已经存在的原始矿井。由于对明矾的高需求已经耗尽了湖泊周围的天然明矾晶体，采矿就变得必要起来了。当英国地质学家和埃及学家卢埃林·比德内尔在20世纪初探索哈里杰时，他发现这里的山丘"简直像蜂窝一样布满了古代矿井"，其中许多"深入了地底很长一段距离"。他在矿井入口处发现了"巨大的废石堆"，甚至还有一些为矿工建造的"简陋住所"。矿井深处的硫酸铝矿脉通常不到一英寸厚。在矿脉如此薄的情况下采矿其实是很不划算的，这也正好说明了明矾的价值在当时一定非常高。

正如我们所看到的，明矾在埃及及其他地区被用于染色、制革和医药。但埃及人自己还为这种多功能矿物找到了另一种用途：他们发现，如果将明矾投入浑浊的水中，杂质便会凝结在明矾上，从而更容易过滤掉。因此，多亏了明矾，埃及人可能是世界上最早饮用经过化学处理的清水的民族。

*

接下来，马其顿的亚历山大于公元前332年横扫埃及，当他旗下一个名叫托勒密的将军夺取了政权并自称法老[②]开启自己的统治时，一个新词和概念出现在了我们的明矾故事中：垄断。托勒密意识到明矾可以为他带来巨额的利润，于是下令从现在起，国家（即他自己）将控制其生产和销售。我们从此之后便会一次又一次地发现，不同时代、世界上不同地方的统治者都通过法律将明矾的收入据为了己有。

罗马人也是如此，他们在公元前30年占领埃及时，不仅保留了托勒密王朝对明矾的垄断，还通过军事化统治哈里杰绿洲来最大化收入，将神庙改造成了军事驻地，并在主要贸易路线上建造堡垒，以防止沙漠部落像以前那样自行获取明矾。罗马人还严密监视租赁矿井的承包商和负责将明矾运送到港口的运输方。国家雇佣的官员在货物到达时需要每五天提交一次报告——一式六份！

此时，埃及的明矾也面临着来自西班牙、色雷斯（今马其顿、保加利亚和罗马尼亚）、利帕里岛（西西里岛北部）和希腊米洛斯岛矿井的外来竞争。但埃及明矾的销量仍然持续飙升，原因很简单：它的质量远高于其他地区的明矾。根

[①] 扎尔钦坎儿井位于伊朗亚兹德省，流经亚兹德古城，是伊朗22项世界文化遗产之一。——译者注

[②] 托勒密一世（公元前367—前282年）是埃及托勒密王朝创建者。托勒密原本是马其顿帝国亚历山大大帝麾下的一位将军，公元前323年，亚历山大病逝以后，托勒密在《巴比伦分封协议》中成为埃及总督，随着马其顿帝国的分崩离析，托勒密很快在埃及建立自己的势力。——译者注

据奥里利乌斯·科尼利厄斯·塞尔苏斯[①]在其著作《医学》中的记载，埃及和米洛斯的明矾最适合用于医药。而老普林尼[②]在1世纪的著作中甚至评价埃及明矾要比米洛斯明矾更为优质。

与普林尼同时代的医生佩达尼乌斯·迪奥斯科里德斯[③]则在其5卷医学论文中建议使用明矾治疗牙龈疾病。罗马作家奥卢斯·格利乌斯则在他的故事中为明矾做了宣传，讲述了希腊领袖米特拉达梯在防御比雷埃夫斯对抗罗马将军苏拉时，用明矾涂抹防御木塔。根据格利乌斯的说法，苏拉无法点燃希腊的防御工事，导致他的进攻失败。这又展示了明矾的另一种用途——阻燃剂。明矾的出口很快使亚历山大港成为罗马帝国最繁忙的港口之一，也使埃及成为罗马最富裕的东部省份。

*

395年，罗马帝国分裂为了两个实体，埃及成为东半部的一部分，也就是我们后来所称的拜占庭帝国。从那时起，拜占庭人便控制了哈里杰绿洲的明矾，所有从中获得的收益都流向了他们的首都君士坦丁堡。[④]

552年，两名僧侣将蚕卵走私到了拜占庭，打破了中国长期以来对丝绸生产的垄断。拜占庭人现在拥有了欧洲最高质量的明矾，并且同时还在欧洲内部垄断了丝绸生产。他们的丝绸工厂开始大量生产色彩绚丽的丝绸服装和装饰品，包括用明矾媒染剂固定的鲜艳华丽的锦缎丝绸。欧洲对彩色丝绸的需求是如此之旺盛，以至于君士坦丁堡的出口繁荣持续了整整6个世纪，为拜占庭帝国的经济带来了巨大的贸易顺差和庞大的黄金储备。

这种惊人的财富对拜占庭的生存是至关重要的，因为随着他们曾经庞大的帝国逐渐萎缩，拜占庭人习惯于在敌人威胁君士坦丁堡时用金钱收买他们，而不是冒险与之开战。例如在431年时，当匈奴威胁到君士坦丁堡时，拜占庭人承诺如果他们退兵，便每年向其支付350罗马磅[5]的黄金。当匈奴在434年再次来犯时，贡金则增加到了700磅，而在447年，年贡金又一次上升到了惊人的2100磅。可以说丝绸和明矾所带来的财富在很大程度上正是拜占庭帝国比西部那个无明矾的罗马帝国多生存了一千年的原因所在。

---

[1] 奥里利乌斯·科尼利厄斯·塞尔苏斯（公元前25—公元50年），出生于西班牙，后移居罗马，恰逢罗马帝国初建。他收集了希腊人的学问和知识，并摘要介绍给罗马人，让他们分享这些成就，被誉为"医学上的西赛罗"。他在书中详细介绍了扁桃体切除术和其他手术，是第一位探讨心脏病的人。此外，他还涉及了牙科学和牙镜的使用，以及白内障等眼球疾病。这位作者的大部分内容可能来自希波克拉底学派的著作，因此他被誉为罗马的希波克拉底。——译者注

[2] 盖乌斯·普林尼·塞孔都斯（23或24—79年），又称老普林尼，古代罗马的百科全书式的作家，以其所著《自然史》一书著称。——译者注

[3] 佩达尼乌斯·迪奥斯科里德斯，古希腊著名的医学家。"药理学之父"，是一位希腊医生、药剂师、植物学家，著有《医学材料》，该著作涵盖了各类有关草药和相关药用素材的知识，共有5卷，作为知名的希腊百科全书已经流传了将近1500年。近2000年以来，迪奥斯科里德斯一直被认为是植物和植物药理学方面最著名的作家。——译者注

[4] 罗马仍享有来自利帕里与斯特龙博利两岛明矾矿藏的可观收益。

[5] 罗马磅是古罗马的核心重量单位之一，其标准重量为327克。——译者注

拜占庭城墙
至10世纪，拜占庭帝国疆域已缩至希腊、马其顿及今土耳其境内部分地区。其之所以能再续命500年，关键仰赖明矾矿藏所铸巨额财富。固守于巍峨城墙后的拜占庭人，只得以用金银贿敌求生（来自维基共享资源）

考虑到那两名据称从中国带来蚕卵的僧侣几乎可以肯定是聂斯托利派教徒①，拜占庭人宣布他们的领袖、大主教聂斯托利为异端似乎有些忘恩负义。②然而，他们在431年确实这样做了，还把他流放到了他们偏爱的沙漠流放地——哈里杰。

*

让我们快进十代人，到了7世纪，轮到穆斯林军队征服埃及了。在随后短暂的一段混乱时期里，贝都因人③再次从哈里杰获取了明矾，他们用骆驼把明矾运到利比亚的港口，比如苏尔特，在那里他们将明矾与来自今尼日尔的卡瓦尔绿洲的明矾一起卖给来自威尼斯、比萨和阿马尔菲的商人。

然而，埃及的法蒂玛王朝④迅速恢复了秩序，并建立了一个新的国家垄断机构——Matjar⑤，负责管理明矾的生产和销售。Matjar从哈里杰绿洲和埃及其他地区购买明矾，监督其沿尼罗河的运输，确定销售价格，并主管至关重要的出口销售。1072年的一份文件提到，一批明矾正是如此从亚历山大港运往伯罗奔尼撒半岛的莫东威尼斯贸易站，再转运到了威尼斯。

事实上，正当法蒂玛埃及与意大利的海上城邦阿马尔菲、威尼斯、比萨和热那亚愉快地进行着明矾贸易时，突然，来自西欧的基督教战士闯入了该地区，他们洗劫城市，散布恐怖，于1099年占领了耶路撒冷，1104年占领了阿卡港⑥，并于1124年占领了提尔港⑦。十字军东征由此开始了，而明矾则在其中扮演了关键的角色。

尽管身处战争时期，尽管有着敌对穆斯林的狂热言论，

---

① 聂斯托利教派是基督教的一个重要分支，具有独特的教义和历史发展轨迹。由拜占庭帝国的第五个牧首聂斯托利所创立。唐代传入中国时称为"景教"。——译者注
② 因质疑基督能否兼具神人二性。
③ 贝都因人属于闪含语系民族，阿拉伯人的一支，也称贝督因人，是以氏族部落为基本单位在沙漠旷野过游牧生活的阿拉伯人。主要分布在西亚和北非广阔的沙漠和荒原地带。在伊斯兰教兴起前，贝都因人是阿拉伯半岛部落氏族社会的主要组成部分。他们剽悍、骁勇、顽强，成为穆罕默德统一阿拉伯半岛及其以后哈里发政权向外扩张的基本力量，并随之而散布于西亚、北非的广大沙漠地区。——译者注
④ 法蒂玛王朝（909—1171年），北非伊斯兰王朝，又译法提马王朝，近代以来中国或有称其为绿衣大食，西方文献又名南萨拉森帝国。以伊斯兰先知穆罕默德之女法蒂玛得名。
⑤ Matjar在阿拉伯语中直译为商品部门。——译者注
⑥ 阿卡港位于以色列。——译者注
⑦ 提尔港位于黎巴嫩。——译者注

但事实是欧洲人仍然需要埃及的明矾，此时的也门也补充了明矾的供应。明矾对欧洲日益增长的纺织业是至关重要的，意大利商人持续不断地从阿拉伯人那里购买明矾，数目可达每年约5000坎塔拉（约300吨）。因此，在整个十字军东征期间，意大利的金钱源源不断地流入了阿拉伯人的金库。

1163年，入侵者进军埃及，1169年，新的穆斯林领袖萨拉丁将他们赶了出去，但明矾贸易依然繁荣。例如，我们有记录显示，1176年埃及明矾就曾被运送到了十字军控制下的提尔港。尽管1187年萨拉丁重新夺回耶路撒冷和阿卡港时，明矾销售出现过短暂的停顿，但销量很快再次飙升起来，1192年达到了13000坎塔拉（1210吨）。萨拉丁的首席大臣之一伊本·马马提明确地表示过，这些明矾大部分来自上埃及[①]，就包括哈里杰。

尽管教皇多次威胁要将任何与穆斯林贸易的人逐出教会，但明矾贸易依然蓬勃发展。只是时不时会有一些睁一眼闭一眼的贸易禁令（例如，威尼斯声称在1224年实施过一项类似的禁令）发布，但这些禁令很容易被人们所规避。因此，在整个十字军东征期间，明矾一直是埃及的主要出口商品之一，甚至在某些年份，明矾的销售收入支付了埃及全部进口花销的三分之二——进口的物资中绝大多数是军事物资，包括铁、武器、造船木材，甚至是整艘船只。换句话说，正是基督教欧洲对明矾的迫切需求，为阿拉伯人购买军事装备提供了资

[①] 上埃及指的是埃及南部地区，主要是农业区。包括开罗南郊以南直到苏丹边境的尼罗河谷地。气候干热，利用尼罗河水灌溉农田。——译者注

金，而这些装备则被阿拉伯人用来越来越有效地击败基督教入侵者。

战争的最后一幕发生在1291年，马穆鲁克（1250年在埃及掌权的穆斯林统治者）将十字军赶出了他们最后的据点阿卡港。几十年来，明矾出口的稳定收入让持续两百年的战争得以最终结束。

3 明矾、中国与第一次信息技术革命

一场信息科技革命正在发生，而中国正处于这场革命的核心。

听起来很熟悉吧？

就像我们近代的这一场数字科技革命一样，世界上第一次信息技术革命也是由那些加快了信息交换速度的发明所引发的。然而，不同于计算机和互联网影响了全世界的人们，世界上第一次信息技术革命却仅仅发生在了一个国家——中国。这里便是纸张最初被制造出来的地方，也是木版印刷术诞生的地方。而明矾也在其中作出了虽不大却很重要的贡献。

迄今为止发现的最古老的纸张碎片来自大约公元前150年的中国墓葬，令人惊讶的是，即便是在这么早期的纸张上仍保留了一些混乱的墨迹。所以，我们很清楚当年那些先驱者也面临着一个至今仍困扰着造纸者的问题：如何制造出一种既坚固又平滑、足以书写，又足够多孔以让墨水干燥，但又不至于多孔到让墨水晕开的纸面材料。

世界上最早的纸张是将大麻、树皮甚至旧破布等材料中的纤维分解，加水，压平纸浆，然后再使其干燥后制成的。[1]通过这一制作过程所生产出来的纸面要比天然树皮、纸莎草、竹子或之前使用的任何其他天然材料造出来的更为坚固和平滑。随后,通过一种称为"施胶"的过程,产品得到进一步的提升,所谓"施胶"指的是纸张被拉紧并用淀粉擦拭。施胶可以使得纸张更坚固、更平滑,吸水性也会降低——现在任何涂写在纸上的墨水都能做到在其表面干燥而不会晕开了。由此一来,到了3世纪,纸张在中国已经得到了广泛的使用。

中国各地的造纸中心当时纷纷尝试着不同的工艺,使用了多种不同的原料,最终,中国东南部泾县所产的宣纸脱颖而出,成为最佳之选。宣纸的制作过程包括将稻米、竹子和桑树、榆树的树皮制成纸浆,这一过程据说可能包含了上百个步骤。宣纸极为坚韧,书写清晰,且存放不易变质。因此,留存至今的早期中国纸张大多为宣纸也就不足为奇了。[2]

然而,即使在宣纸中,也分为三个质量等级,其中最高等级的纸张被称为熟宣,制作它需要再次施胶——而这一次使用的材料正是明矾。这种额外的施胶工艺可以让纸张表面极为柔韧,同时又异常坚固,几乎达到了防水的效果。这种用明矾施胶的高等级熟宣纸的卓越强度是至关重要的,因为它让中国得以充分利用其信息技术革命中的第二项突破性发明——木版印刷。

直到8世纪,世界上的每一份文件及其副本都是人们手工费力抄写的。这当然严重限制了文件及其副本的制作数量,同时也导致副本中错误百出。8世纪木版印刷术的发明则改变了一切。现在,大量的副本可以由一个原件快速、廉价且准确地制作出来,随之而来的变化与20世纪各大机构安装第一台打印机时相同——纸张的需求激增。

然而,木版印刷也存在一个问题。那就是为了达到必要的文字清晰度,坚硬的木版必须反复且极其用力地压在纸张上,这使得纸张承受的磨损远比手写时要大得多。大多数等级的纸张根本无法承受这种处理——它们只会磨损并破裂开来。熟宣则具备必要的强度,能够经受住木版印刷的考验,因此,当时世界上最大规模的知识传播(尽管仅限于中国境内)只有通过使用明矾施胶的纸张才得以实现。③

其所带来的影响是巨大的。木版印刷所带来的文本复制使知识得以在全国范围内传播,就像互联网让知识在全球传播一样。中国的各个学术中心很快就被木版印刷的文献所淹没——从宗教典籍、历书到数学表、年鉴和词典,应有尽有。甚至还有关于婚礼和葬礼礼仪的指南。随着信息量的增长,管理者试图通过建立分类系统来在混乱中建立秩序。8世纪时,相当于我们今天域名后缀(如.org、.edu、.com、.gov等)的是用颜色区分纸张——法律文件用白纸,政府事务用黄纸,宗教通信用蓝纸,以此类推。

印刷材料在坚固的明矾纸上得以广泛传播,由此中国的识字率大为提高,使得国家能够利用更多人口的智慧,这在以前是不可能的。中国政府可以组织全国性的科举考试,来自不同背景的年轻人(是的,只有男性)可以通过考试获得

---

① 我本人于2022年在阿马尔菲造纸工坊博物馆目睹了这种手工造纸法的现场展示。
② 宣纸已入选联合国教科文组织人类非物质文化遗产名录。
③ 欧洲地区的造纸业于16世纪首度将明矾应用于纸张施胶工艺。

政府职位，考试方式与今天类似——考官在阅卷时不得知晓考生的身份，最终成绩由两位独立阅卷的考官共同决定。这在当时远远领先欧洲，当时欧洲的学习仅限于少数僧侣和神职人员，手抄在羊皮纸上的书籍极为罕见，以至于它们会被锁在图书馆的书架上。欧洲直到 19 世纪才出现公务员的公开考试！难怪中国在如此长的时间里一直是世界上最先进、最繁荣的国家。

*

当然，明矾的用途不仅限于造纸。与世界其他地方一样，明矾在中国也被用于染色和鞣革——事实上，明矾在固色方面的作用在中国尤为重要，因为某些颜色被用来表示特定的等级。这一传统始于秦朝（公元前 221—前 207 年）佩戴彩色丝带的习俗，逐渐发展成一整套复杂的彩色服饰体系。到了明朝（1368—1644 年）时，高级官员穿红色，中级官员穿深蓝色，低级官员穿绿色，而普通百姓则被禁止穿着这些颜色。

黄色则是极高地位的象征，至少从 7 世纪起就与皇帝联系在一起。17 世纪和 18 世纪的两本手册告诉了我们，这种鲜艳的黄色在当时是如何获得的。要想制作亮黄色，需要先煮沸一种名为"槐花"的植物，并将纱线或布料浸泡在染料中。要制作金黄色，需要在混合物中加入一种名为"黄栌"的植物。但无论是亮黄色还是金黄色，使用的媒染剂都是明矾。很显然，只有明矾才能将颜色牢固地固定在织物上，并使黄色呈现出独特的光泽。

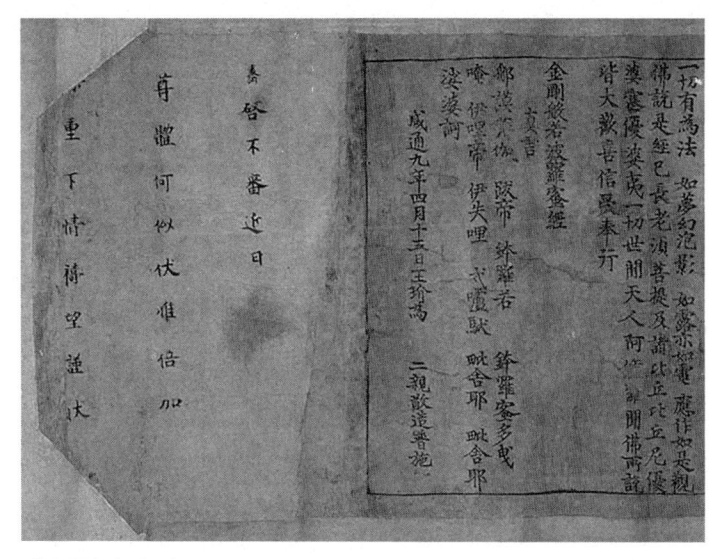

《金刚经》末页
中国是首个发明造纸术的国家,明矾被用于制造能够承受雕版印刷磨损的优质纸张。藏于大英图书馆的这部868年印制的《金刚经》,据称是现存最古老的印刷书籍(来自维基共享资源)

  难怪明矾深受中国皇帝的珍视。事实上,明矾是少数几种皇帝垄断的商品之一。明矾商人必须获得许可证,而皇帝控制了许可证的数量,因此也有效地控制了贸易条件。多年来,许可证费用不断上涨,明矾在中国政府收入中所占的比例也随之增加。

  与其他国家一样,明矾也被用于医药。中国有自己的明矾来源,但在唐朝(一个对外来产品和思想非常开放的朝代),医药中使用的一种明矾被称为"波斯白",这显然意味着它是进口的。然而,波斯本身并不生产明矾,因此很可能波斯只是一个贸易中转国,而"波斯白"最初应该正是来自埃及。

甚至有没有可能就是当时在中国活跃的景教基督徒将"波斯白"明矾带到了中国？当然，这些说法都没有证据，但景教徒在明矾领域确实有经验，别忘了他们的领袖聂斯托利大主教就曾在哈里杰绿洲流亡多年。

无论如何，明矾在造纸过程中的使用是世界首创，并且在相当长的一段时间内，明矾一直是生产最高质量印刷级纸张的重要成分。明矾存在于世界上最古老的印刷书籍中，[①]即868年在中国印刷的《金刚经》，它也存在于维多利亚与阿尔伯特博物馆收藏的中国水彩画中，这些画作于18世纪和19世纪绘制在用明矾和动物胶处理过的宣纸上。[②]

明矾这个能让纸张更坚固、更光滑的用途延续了千年之久。这也正是明矾持久影响力的体现。

---

① 该作品系采用7幅纸面拼接印刷。
② 该典籍即《金刚经》末章，现藏于大英图书馆，可于其官网在线查阅。

4 骗子手中的明矾

骗子们究竟花了多长时间才意识到他们可以利用像明矾这样的多用途物质来进行犯罪活动呢?

令人震惊的是,时间非常短。

当然,众所周知,欺诈的证据一向很难找到。欺诈者本质上都会竭尽全力掩盖他们的行踪。然而,令人惊讶的是,我们有确凿的证据表明,早在罗马时代,骗子们就已经在使用明矾来制造掺假的硬币和珠宝了——也就是说,他们当时用明矾将一些银或铜混入了看起来像是纯金制成的物品当中。

罗马时期的黄金其实并非百分之百纯净。但留存下来的罗马黄金质量却出奇地高。对1世纪、2世纪乃至3世纪罗马帝国各地制造的黄金珠宝进行的测试显示,其含金量令人印象深刻,约为23.5克拉(纯度98%)。

但在埃及,情况却有所不同。同样的测试显示,虽然珠宝表面的黄金纯度令人印象深刻,但物品内部的含金量却显著降低了。例如,一个表面纯度为99%的金手镯,内部纯度仅为94%。一个外部含金量为97%的耳环,内部含金量只有85%。而一个外部含金量为90%的吊坠,内部含金量仅为83.1%。这到底是怎么回事呢?

显然，罗马埃及的工匠们掌握了一种技术，这种技术在术语中被误导性地称为"表面富集"。

更诚实的说法或许就是"内部掺假"，因为这种技术能够制造出外表保留高纯度黄金，但内部含金量却大幅降低的物品。而我们确切地知道埃及工匠是如何做到的，因为直到今天，那些手册——19世纪20年代在尼罗河畔的底比斯发现的莎草纸[①]，后来被卖给了莱顿和斯德哥尔摩的图书馆——就写明了制作"表面富集"黄金制品的"配方"或操作说明。这些配方有着一个共同点：无论什么方法，明矾都是关键成分之一。

莱顿纸草

这份写于3世纪的纸草文献记载了如何利用明矾去除劣质黄金制品表面的铜及其他金属，以假装物件为纯金所制。该纸草被发现于尼罗河畔的底比斯，以其现藏地荷兰莱顿市命名（来自维基共享资源）

[①] 莎草纸，又称纸莎草、莎草片，是为古埃及人广泛采用的书写载体，它用当时盛产于尼罗河三角洲的纸莎草的茎制成。大约在公元前3000年，古埃及人就开始使用莎草纸，并将这种特产出口到古希腊等古代地中海文明地区，甚至遥远的欧洲内陆和西亚地区。对古代写在莎草纸上手稿的研究，或称为纸莎草学，是古希腊古罗马历史学家的基本工具。——译者注

以莱顿莎草纸中的"配方25"为例：

1. 在金合金薄片上涂抹明矾、盐和胆矾（一种铜和铁硫酸盐的混合物）。加热薄片，基体金属会分离出来，留下纯金的薄片。

到目前为止，这与我们在第2章中看到的吕底亚人生产纯金的方法非常相似。接下来的步骤才是问题所在。

2. 将纯金薄片安装到由掺假黄金制成的戒指、吊坠、手镯和其他小饰品的表面。这样一来，低纯度的制品看起来就像是纯金制成的了。

这听起来好像很简单，但很显然，用金箔包裹珠宝物品是一个需要金匠专业技能的困难步骤。因此，那些团队中经验不是很丰富的金匠们转而使用了更简单的造假方法——比如这个配方：

1. 使用莱顿莎草纸中的"配方56"来制造掺假的黄金：只需将四份黄金与三份铜熔化，就可以将少量的24克拉黄金变成大量掺假的19或10克拉黄金，然后用这些材料制作戒指、手镯、胸针等。
2. 现在使用明矾来恢复物品表面的含金量。将物品浸泡在明矾、盐和有机酸（如醋）的混合物中，表面的基底金属会被浸出，留下纯金的表面，可以打磨得非常漂亮。纯金的表面会让整个物品看起来像是完全用贵金属制成的。很少有顾客能看出其中的差别。

或者，也可以使用"配方69"：

1. 将一份明矾和白屈菜与三份焙烧过的胆矾研磨，加入童子尿制成糊状。
2. 将糊状物涂抹在黄金物品的表面，加热后迅速浸入冷水之中。

同样，基体金属会从表面被去除，只留下纯金的表面。莎草纸文献的匿名作者（或作者们）保证，其成品"甚至能骗过工匠"。

对于那些连少量黄金都负担不起的人，莎草纸文献还贴心地提供了对银进行表面富集处理的配方。事实上，仅莱顿莎草纸文献中就包含了八十多种（这个数字令人吃惊！）用于伪装不同金属（主要是金银）的配方。

但确实需要先搞到明矾：它几乎是所有表面富集配方的关键成分。当然，在底比斯这不是问题，因为那里距离哈里杰绿洲的明矾矿才不到300公里。

*

如今，用纯金包裹掺假的金属本身并不违法。

也许其目的不一定是欺诈也说不定。也许罗马埃及的金匠们也同样是怀着善意才生产了那些低质量的珠宝，然后明确标注为低纯度，并以较低的价格卖给那些买不起真品的顾客。也许吧。

但至少现在，虚假黄金制品的交易成为了可能。而莱顿和斯德哥尔摩的莎草纸文献本身则表明，欺诈行为是十分普遍的，因为它们确实包含了一种测试珠宝是否由真金制成的配方。作者这样写道，将黄金熔化，然后重新加热并检查其颜色。如果它变得苍白，说明含有银。粗糙且坚硬？说明掺杂了铜。柔软且变黑？这是含铅的明显迹象。然而，如果黄金还能保持类似金币的颜色，那你就可以松一口气了：你所购买的饰品中的黄金是纯的。当然，这里很显然有一个问题：这种测试会将你珍爱的手镯或吊坠变成一团毫无形状的黄金。因此，我想那些造假者不怎么担心这些，毕竟没人会经常进行这种测试吧。

我们有更有力的证据表明，表面富集处理被用于了欺诈，这体现在了罗马硬币中黄金含量的逐年降低。

与今天的硬币不同，罗马硬币的价值取决于它们实际含有的银或金的量。为了确保罗马帝国各地的贸易顺利进行，从哈德良长城到红海，甚至超越帝国边界的地方——例如南印度，那里就出土过大约4000枚罗马硬币，是被前来购买珍珠和香料的罗马商人带来的[1]——硬币的可信度至关重要。

---

[1] 据《印度时报》2011年1月19日刊载报道，该批钱币曾于2011年1月展出于金奈埃格莫尔政府博物馆。

所有这些贸易都依赖于买卖双方能够充分信任硬币的质量。

对罗马硬币的测试表明，虽然它们的质量确实维持了几个世纪，但其金或银的含量在 3 世纪出现了显著下降，而这一时期正是莱顿和斯德哥尔摩莎草纸文献编写的年代。银币首先受到了影响。罗马"银"币第纳尔的内部含银量很快降至了 12% 至 18%，但银币表面仍保留了高含银量。随后，黄金也步其后尘：到了 3 世纪末，罗马金币奥里斯的掺假程度如此严重，以至于在 301 年，戴克里先皇帝[①]颁布法令打击造假者。此外，戴克里先当年似乎很清楚硬币造假者的所在，因为他曾试图通过下令焚烧所有关于制造金银的书籍来遏制这一行为——只要这些书籍来自埃及便要焚毁。

然而，想要打击假币仍旧是希望渺茫！潘多拉的盒子已经打开了。只需一点黄金、白银和铜——当然还要有一点明矾——如果想伪造硬币，就会变得非常容易。只需将黄金或白银加热熔化到铜中，铸造硬币，然后使用明矾混合物恢复表面的金或银含量即可。如果造假的罪犯能如此轻易地掺假货币，那么对于拥有全套设备的那些腐败的铸币官员来说，更是轻而易举了。而对于政府来说，通过在官方铸币中降低金或银含量来制造廉价货币则是这些人里最容易的。难怪这种依赖明矾的造假法像野火一样蔓延开来。

这种事不仅仅发生在罗马帝国。阿克苏姆王国（位于今天的埃塞俄比亚、厄立特里亚和也门）曾发行了非洲最早的硬币，其硬币一直保持着高标准，直到 5 世纪开始也掺假了。拜占庭帝国的硬币也遭遇了同样的命运，498 年的一份埃及文件记录了一笔"6 枚未掺杂的、经批准的帝国（拜占庭）

埃塞俄比亚阿克苏姆金币

明矾可使成色不足的金银币表面富集金属成分，令其看似纯金纯银所铸。此技术始自埃及，后传播至罗马帝国境内及更远地区——例如今埃塞俄比亚境内的阿克苏姆，图示钱币即流通于4世纪（来自维基共享资源）

金币苏勒德斯"的贷款。文件里需要特别注明"未掺杂"就很有力地表明了当时假币正在流通。而在遥远的中国，人们在大约500年发现了一种使用明矾使铁制品看起来像铜制品的配方。尽管配方中指出"内部性质不变"，但"外部呈铜色"。

让我们快进到中世纪，表面富集技术依然十分盛行。在巴勒斯坦出土的12世纪硬币表面含银量为80%，而内部仅为

---

① 盖尤斯·奥勒留·瓦莱利乌斯·戴克里先，原名为狄奥克莱斯，罗马帝国皇帝，于284年11月20日至305年5月1日在位。其结束了罗马帝国的3世纪危机（235—284年），建立了四帝共治制，使其成为罗马帝国后期的主要政体。——译者注

60%。在威尼斯，中世纪铸币厂用掺假的银制造硬币，然后将其浸泡在明矾、酒石、盐和尿液的混合物中，以获得富含银的表面。这种欺诈行为曾出现在肯·福莱特的小说《暗夜与黎明》中，该小说以1000年左右的英格兰为背景，也出现在欧洲第一本冶金学著作《论烟火术》[①]中，该书于1540年在锡耶纳被印刷出来。在荷兰出土的15世纪苏格兰硬币也与明矾有着双重联系——许多是粗糙的仿制品，使用了明矾进行表面富集，而这些硬币是由苏格兰商人带到荷兰的，他们前往荷兰购买的商品中就包括了明矾。

欧洲移民将掺假硬币的明矾配方带到了大西洋彼岸的美国，结果在马萨诸塞州，造假行为是如此之普遍，以至于早期法律严苛规定，造假者会被"罚款……上枷……然后割掉一只耳朵；接着被拖到绞刑架，脖子上套绳子吊一小时……并被鞭打……然后判处不超过七年的苦役"。

然而，这一切都是徒劳的。美国建国才不到10年，马萨诸塞州汉普郡的一个团伙就通过造假手段稀释了一种被称为"八片币"[②]的西班牙硬币的含银量（这种硬币在新共和国中使用最广泛，直到1857年仍是美国的法定货币）。该团伙利用了一位名叫朱利叶斯·弗雷里的熟练银匠的专业知识，将银币与基底金属加热制成劣质硬币，然后通过将假币浸泡在尿液和化学混合物中加热来富集表面。那么到底用了哪种化学物质呢？您肯定猜到了。该团伙的两份配方被保存了下来，其中毫无意外都含有明矾。

事实上，只要有明矾和硬币同时存在的地方，表面富集造假就可能发生，而这在整个已知世界都是如此。因此，骗子们其实一直没闲着,直到硬币的价值不再依赖于其金属含量,而是像今天一样,由其表面压印的数字决定为止。而这时,骗子们又一次发现了一种新的利用明矾赚昧心钱的方法——在面包中掺假。我们稍后便会谈到这一点。

---

① 《论烟火术》是意大利冶金学家和军事工程师瓦诺乔·比林古奇于1540年撰写的一部重要著作,被认为是欧洲最早的冶金学专著之一。该书系统总结了16世纪的冶金、采矿、金属加工和火药制造等技术,涵盖了从矿石开采到金属提炼、铸造、锻造等工艺,并对火药的配方和使用进行了详细描述。——译者注
② 八片币是一种历史悠久的西班牙银币,正式名称为西班牙银元,在16至19世纪广泛流通于欧洲、美洲和亚洲,曾是全球贸易中的重要货币。——译者注

5 明矾、威尼斯与热那亚

在地中海的历史中,威尼斯是胜利者,而热那亚则是经典的陪跑者。

威尼斯自称为"最宁静的"①,谁能不被它的魅力所吸引呢?大运河那迷人的曲线,贡多拉船夫那自信的姿态,宫殿群中那充满异域风情的摩尔式拱门②。这座在圣马可大教堂屋顶上炫耀着自己从拜占庭帝国掠夺来的四匹青铜马的城市,无不时刻展现着一种惊人的傲慢。③威尼斯那奢华的炫耀、浪漫的衰败与放荡的行为交织在一起,令人陶醉。每年一度的狂欢节和威尼斯总督(如今是市长)与大海"结婚"的壮观仪式,更是让人目不暇接。更不用说那些曾经的威尼斯属地,如罗维尼、特罗吉尔、杜布罗夫尼克、科尔丘拉和科托尔,

---

① "最宁静的"是威尼斯共和国的别称。这个称号反映了威尼斯在其鼎盛时期的政治稳定、经济繁荣和文化辉煌。威尼斯共和国从7世纪延续到1797年,是地中海地区最重要的海上强国之一。——译者注
② 摩尔人指的是北非的阿拉伯人,而摩尔式建筑则是伊斯兰建筑的一种,其建筑特色包含不加装饰的拱顶、简单的圆拱马蹄形,或是拥有繁复装饰的拱形、有亮丽釉彩的青花瓷砖,以及阿拉伯文或者几何图形的装饰。开放空间中,水是重点,通常花园中会有喷泉或水道,而建筑物前的水池则有创造倒影并结合光线运用的作用。——译者注
③ 真正的青铜马现藏于主教座堂内部以避空气侵蚀,圣马可教堂外部所饰乃复制品。

它们都像珍珠一样串联在亚得里亚海的沿岸。

而可怜的热那亚呢，现在能跻身意大利十大城市的榜单就已经算是幸运了。游客们通常只会沿着高架在巨型柱子上的高速公路上匆匆驶过它——甚至在2018年8月的一天，这条高架桥还塌了，把上面的汽车和卡车抛到了下方的屋顶上。那些冒险进入市区的游客，大多直奔渡轮码头，开始他们的地中海之旅，而旅程的高潮很可能就是……威尼斯。

然而，热那亚的教堂和博物馆里也同样堆满了战利品，它的许多宫殿也是建立在财富和贸易收益之上的。因为热那亚也曾经是一个能与威尼斯抗衡的地中海强国，拥有自己的海外领土和贸易据点。热那亚的船只穿梭于海上，使这座城市成为地中海乃至更远地区贸易的关键枢纽。而热那亚惊人财富的核心建立在一种关键商品之上，热那亚人在这种商品的贸易上甚至比威尼斯人更为成功。

这种商品正是明矾。

*

热那亚的历史始于罗马帝国崩溃后的动荡时期，城市的发展起初并不算顺利。意大利沿海遍布的石制瞭望塔便是证明，当时的人们生活在恐惧当中，一直担心遭到穆斯林袭击者的劫掠和绑架。935年，热那亚瞭望塔上的士兵显然未能及时发出警报，结果自然是惨不忍睹。袭击者洗劫了城市，杀死了所有阻挡他们的人，并带走了上千名热那亚的母亲、姐妹和女儿，将她们作为奴隶贩卖。这场灾难的规模几乎难以想象。人们常说，热那亚随后迅速崛起的动力，正是源于一种决心：绝不让这样的灾难再次降临。

热那亚的崛起依赖于航运。热那亚人曾建造过一支舰队，到了1000年的时候，他们已经能和意大利的老牌海上强国——威尼斯、比萨和阿马尔菲——一起在黎凡特（当时对东地中海的称呼）的繁荣市场中进行贸易了。早在1064年，征服者威廉①的英国秘书英古尔夫在完成耶路撒冷朝圣后寻找船只回家时，在雅法港找到的正是热那亚的船。而热那亚人也并不挑剔，他们也乐于通过把穆斯林朝圣者送往麦加赚钱。

然而，贸易与战争总是相伴而行的。1016年，热那亚人帮助比萨人将一位穆斯林统治者赶出了撒丁岛，该岛后来成为了热那亚的第一个海外领土。而到了1087年，热那亚人则加入了由比萨和阿马尔菲②的400艘战舰所组成的舰队，洗劫了突尼斯的马赫迪耶，这场袭击与935年对热那亚的劫掠一样残忍无情。

---

① 威廉一世（约1028—1087年9月9日），诺曼底王朝的首位英格兰国王（1066年12月25日—1087年9月9日在位）。1035年继承法国诺曼底公爵之位，号称"征服者威廉"，有时叫"私生子威廉"。威廉一世重用并分封土地给诺曼人，压制盎格鲁-撒克逊贵族，强令领主效忠，编制《末日审判书》，他是欧洲中世纪最具影响力的君主之一，其影响包括统治者的改变，对英语的改变，社会和教会的上层等级的变化，并且采用了一些欧洲大陆上教会改革的观点。——译者注
② 阿马尔菲是意大利坎帕尼亚大区的一个市镇及坎帕尼亚大主教教区所在地，位于萨莱诺湾湾畔，大利坎帕尼亚区内，那不勒斯的南方。阿马尔菲城镇建立于4世纪,历史上曾是主教教廷，后来成为商业中心。曾是阿马尔菲航海共和国的首都，是839年至大约1200年间在地中海的一股重要的贸易势力。——译者注

因此，热那亚处于一个绝佳的位置，可以从军事行动中牟取暴利。是的，正是十字军东征让热那亚人变得富有和强大，尤其是热那亚人得以控制了西方的明矾贸易。

十字军东征是因为基督教想要收复耶路撒冷才开打的吗？对一些人来说，毫无疑问答案是这样的。但对于基督天主教西方来说，这也是与基督东正教东方争夺霸权的斗争。而对于意大利的那些海上强国来说，这是一个天赐的赚钱机会。在两百多年的时间里，他们赚取了大量的财富。部分是为基督教军队运输人员、食物和装备赚的钱，但更重要的是通过在胜利后获取的特许权：这些特许权可能是在各种珍贵商品中的独家贸易权，或者更好的，是获得黎凡特港口的优先使用权。这些港口不仅从黎凡特本身的物产中获得了巨额利润，还能通过提供来自波斯、印度和更东方的商品而获利，而无需支付穆斯林埃及对通过红海进口的商品所征收的那种税款。

对于当时意大利的海上强国来说，关键在于押对了宝——无论是法兰克还是日耳曼，无论是天主教还是东正教，无论是基督教徒还是穆斯林。如果支持的派系最终获胜，将获得巨大的利益，至少在一段时间内，将独享充斥着来自叙利亚、波斯、埃及、阿拉伯、印度甚至远至中国的商品的港口。帮助掌权的军事力量会将竞争对手拒之门外。当然，如果押错了宝，也将发现被排除在外的会是自己。

1096年发起的第一次十字军东征对耶路撒冷的居民来说是一场无法言喻的灾难，但对热那亚来说却是一次巨大的成功。首先，热那亚提供了运输军队及其装备所需的246艘战船中的许多船只。随后，热那亚又在1099年幸运地抓住了时机，当时他们的一些船只恰好驶入雅法（今特拉维夫），而当时正值十字军对耶路撒冷的进攻陷入僵局。热那亚人问道："我们能帮上什么忙？"绝望的十字军则回答："木头！我们需要木头来建造攻城器械。"热那亚人回答道："木头？没问题。"然后冷静地开始从自己的船只上往下拆木头。也正是因为有了这些热那亚人提供的木头，十字军的攻城器械才得以被制造出来，城墙也因此被攻破了，耶路撒冷因此陷落，随之而来的却是一场疯狂的屠杀，无论男女老少，无一幸免。

热那亚人因此获得了丰厚的回报。在他们帮助下才得以取得胜利的十字军将耶路撒冷和雅法的一整条街道建筑赏赐给了他们，并授予他们在地中海关键港口阿卡和提尔的巨大贸易特权。为了表明这一切确实与信仰有关——以防有人怀疑它不是——热那亚人带回家的战利品里包括了圣母玛利亚的头发和一个青绿色的花瓶状容器，他们宣称这正是圣杯。第一回合，热那亚胜出。

经验丰富的老牌强国威尼斯当然对这一事态发展感到非常不满，于是便制订了一项计划，旨在一举击败其宿敌君士坦丁堡和新兴的热那亚：他们冷静地将1204年出发进攻埃及（黎凡特地区最强大的穆斯林势力）的第四次十字军东征，转变为对君士坦丁堡（世界上最强大的基督教势力）的无端攻击。君士坦丁堡遭到了无情的洗劫，数百名居民被杀，（东正教）拜占庭统治者被驱逐，财富也被掠夺（包括现在威尼斯所保有的那四匹著名的青铜马），新的拉丁（天主教）政府向威尼斯倾注了大量特权，同时将热那亚排除在外。威尼斯人随后在1258年的圣萨巴斯战争中摧毁了25艘热那亚战船,并把热那亚人从他们在阿卡的那个能带来巨额财富的贸易据点驱逐掉了。第二和第三回合,威尼斯胜出。

热那亚人在战后舔舐着伤口。被驱逐的拜占庭帝国皇帝米海尔八世·帕里奥洛格斯也是如此,他撤退到了位于土耳其西北部的拜占庭领土尼西亚。米海尔拥有军队,但没有船。热那亚则拥有船只,并且迫切希望向威尼斯复仇。因此,当这两股势力于1261年3月在士麦那(今土耳其伊兹密尔附近的凯末尔帕夏)附近的宁菲昂会面时,双方达成了一项协议:热那亚将提供50艘船只,帮助米海尔夺取君士坦丁堡,条件是如果米海尔当上了皇帝,热那亚人将会获得丰厚的回报。

这是一个历史性的关键时刻,成败就在此一举了。热那亚人的风险是有可能会激怒教皇,因为教皇会为热那亚人与他的东正教对手签订条约感到愤怒。威尼斯支持的天主教政权在君士坦丁堡已经稳固立足,受到威尼斯强大舰队的保护,这支舰队曾在1235年和1260年两次击退了敌人来犯。因此成功的希望看起来确实渺茫。然而,出乎所有人的意料,宁菲昂条约的墨迹未干,热那亚承诺的船只甚至还未交付,1261年7月,米海尔的一小部分士兵就秘密进入了君士坦丁堡,发现威尼斯舰队正巧外出劫掠,城市处于毫无防备的状态。入侵者欣喜若狂地打开了城门,米海尔的拜占庭军队一下子杀了进去,那些天主教占领者——法兰克人、德国人、威尼斯人等纷纷逃离,米海尔八世·帕里奥洛格斯则凯旋入城。拜占庭帝国重新掌权了,而热那亚最终成功站在了胜利的一方。虽然他们几乎没有为了胜利作出什么贡献吧,但这并不妨碍他们按照条约中的承诺排队领取回报。而这些回报也确实非常丰厚。

热那亚人被允许返回君士坦丁堡，并在金角湾对岸的佩拉（加拉塔）建立商业区。热那亚还获得了在希俄斯岛和莱斯博斯岛开设贸易站的权利，这些岛屿后来成为与威尼斯的克里特岛和罗德岛竞争的殖民地。

然而，最重要的是热那亚获得了位于士麦那（伊兹密尔）以南位于土耳其西海岸的福西亚港（今福恰），那里蕴藏着极其丰富的高质量明矾矿。对于拜占庭皇帝来说，这是一种廉价的方式，可以阻止塞尔柱土耳其人①和爱琴海海盗的侵

福西亚（福恰）
热那亚人因支持拜占庭皇帝米海尔八世·帕里奥洛格斯对抗威尼斯人，获赐福西亚巨型明矾矿。由此，他们开辟了通往布鲁日与南安普顿的远程贸易路线。热那亚人所建城堡主体由奥斯曼人修复（来自维基共享资源）

---

① 塞尔柱帝国（1037—1194年），是11世纪塞尔柱突厥人在中亚、西亚建立的伊斯兰帝国，亦称塞尔柱王朝。——译者注

扰：热那亚人现在将为他充当挡箭牌。而对热那亚人来说，福西亚的明矾矿就好像在接下来的两百年里每天都中了大奖一般。

*

热那亚人精于明矾贸易。

非洲明矾产于马里北境的塔加扎与乍得湖西岸的卡瓦尔绿洲，由卡涅姆帝国官员保障其商队横越撒哈拉时的运输安全。热那亚商人则从利比亚苏尔特、布吉亚（今阿尔及利亚贝贾亚）等北非港口购买明矾。据史料记载，1140年时有热那亚商人在亚历山大购买过埃及明矾，1191年则在摩洛哥休达采办了250坎塔拉（合12吨）的明矾与食糖。在布吉亚城中，比萨商人之子列奥纳多·波纳契（即后世闻名的斐波那契）洞悉阿拉伯数字要远胜欧洲沿用的繁复罗马计数法，于是著书劝谕欧陆采用。其以货船估值计算为例证时，因为目睹周遭装卸盛况，特选了明矾作为演算标的。当《计算之书》于1202年面世，明矾由此成为了阿拉伯数字在欧洲传播的重要推手。

热那亚在东地中海地区的明矾贸易也同样很活跃。1225年阿拉斯两个商人自热那亚订购并发往布鲁日的明矾，或许就是来自安纳托利亚（今土耳其）、埃及、米洛斯岛（克里特与希腊间）所产的优质矿，也可能是西班牙、北非或色雷斯（马其顿、保加利亚与罗马尼亚）的次等货。方济各会的修士威廉·范·鲁伊斯布鲁克于1255年在塞尔柱突厥都城伊科尼翁（科尼亚）亲耳听到热那亚商人宣称热那亚与威尼斯已"垄断了全土耳其的明矾"，这也让两个国家联手将明矾的价格提高了三分之二。

运抵热那亚的明矾部分售予了本地与伦巴第的染匠，多数则北运至欧洲最大纺织中心佛兰德斯。每年六次，驮载明矾的骡队自热那亚启程，沿山麓逐级攀越。虽然热那亚以海权著称，但热那亚的骡夫行会实为最古老的同行业组织。商队经奥斯塔谷翻越圣伯纳德山口，抵达法国香槟区的贸易集市——该地自1127年起便成为了欧洲首要的交易场所。热那亚人在此以明矾换购布鲁日商人的布匹。

当然，陆路运输明矾这类大宗货物肯定耗时费力，因此热那亚另辟了海路：部分明矾经热那亚船运至法国埃格莫尔特港，沿着罗讷河与索恩河北上。这条路线虽然要快一些，但却因为港口的抽成而成本陡增。

为什么不选择直航布鲁日以规避埃格莫尔特与香槟区的双重费用呢？

热那亚商贾未曾没那么想过，但真操作起来却多有阻碍：西地中海地区海盗肆虐，北非与安达卢斯（穆斯林西班牙）间的航道受阿尔摩哈德王朝掌控。更关键的是，桨帆船需靠港贸易方能获利，而法国西岸港口却没什么可以交易的。1232年热那亚战船曾试航拉罗谢尔，但再没有复行过。

抛开上述不谈，远程海运要想盈利，就必须满载胡椒、香料、葡萄干、椰枣等东方货物。此类商品价格虽贵但体积有限，即便欧陆所需明矾都加在一起也不足满载。反观陆路运输，既可以沿途进行贸易生利，成本也更加低廉。

从热那亚到香槟区的贸易路线

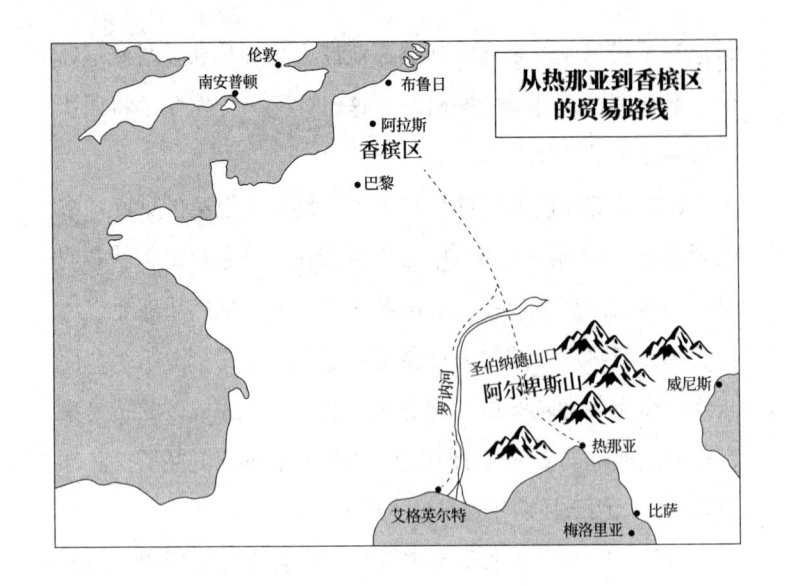

地图标注：伦敦、南安普顿、布鲁日、阿拉斯、香槟区、巴黎、罗讷河、圣伯纳德山口、阿尔卑斯山、威尼斯、热那亚、艾格英尔特、梅洛里亚、比萨

然而，在热那亚人于1261年租得福西亚港与明矾矿后，上面所有这些考量皆被颠覆。

*

福西亚在各个方面都显得与众不同。这里的明矾质量上乘，储量巨大，明矾矿距离一个可以停靠当时最大船只的港口也非常近，方便运输。而接管矿场管理的两位热那亚兄弟——贝内代托和曼努埃尔·扎卡里亚——更是非凡人物，他们的精力、商业头脑和远见卓识不仅改变了整个明矾产业，也改变了地中海的贸易路线。

首先，扎卡里亚兄弟大幅提高了产量。他们首先扩大了劳动力规模，到了1307年，福西亚的明矾产业已经雇佣了超过三千名男女工人。[1]然而，矿工们开采的并不是我们在哈里杰绿洲看到的那种天然明矾——在福西亚，他们开采的是一种白色、粉红色或是黄色的岩石，称为明矾石。明矾石需要经过一系列加工才能提取出纯净的明矾。因此，工人们需要将这种岩石放入大型窑炉或露天火堆中煅烧（或焙烧）。煅烧过程可能需要几天，甚至几周，具体时间取决于岩石的种类。接下来，更多的工人会将烧过的岩石堆成巨大的堆垛，并用水喷洒，直到岩石碎裂成碎石，这一过程可能需要5周到三四个月不等。分解后的矿石随后被铲入巨大的水池中浸泡，之后更多工人收集产生的液体并煮沸，以获得水溶性明矾晶体。

显然，福西亚是一个完整的工业基地。产量得以大幅上升，当佛罗伦萨商人弗朗切斯科·巴尔杜奇·佩戈洛蒂在1340年左右访问福西亚时，他估算这里每年能够产出14000坎塔拉（670吨）明矾，比他访问过的黎凡特地区的任何其他明矾矿产量都要高。

这一复杂过程的每一步都要花成本，同时扎卡里亚兄弟还需要承担控制当地海盗的部分费用。因此，扎卡里亚兄弟生产的明矾比天然明矾更昂贵。但它也更纯，因为在煅烧和结晶的过程中去除了杂质。因此，在染色时，福西亚的明矾能够产生比天然明矾更加鲜艳的颜色。而假如扎卡里亚兄弟能将他们的明矾运到布鲁日，那里的染工们肯定会愿意为这

---

[1] 该数据由曾于1307年劫掠福西亚的加泰罗尼亚佣兵队长拉蒙·蒙塔内尔提供，然经大卫·雅各比判定为虚高。

种能够提升布料质量的明矾支付更高的价格。

起初，扎卡里亚兄弟将他们的明矾卖给热那亚商人，这些商人随即便将明矾运到热那亚新获得的希俄斯岛贸易站。在那里，明矾与乳香、胡椒和其他香料一起被储存起来，直到商船前来将它们运往君士坦丁堡、塞浦路斯，最后到达热那亚。

但精明的兄弟俩很快意识到，如果绕过中间商，他们就可以赚取更多利润。于是，他们自己组建了一支船队，亲自将明矾运到热那亚。随后，他们在热那亚郊外的比萨尼奥开设了自己的染坊，从而创建了世界上最早的垂直一体化商品帝国之一，因为他们现在完整涉足了明矾的生产、分销和利用。此前，从未有任何家族在单一产品的贸易中占据如此主导的地位。

在航运方面，扎卡里亚兄弟拥有一个关键性优势：在东地中海地区，他们几乎是唯一拥有大宗商品的商人，可以用明矾填满船舱。通过在船舱中装满明矾，再补充昂贵的胡椒、香料、小麦、水果、武器和棉花，他们可以充分利用船只的运力，降低单位运输成本，从而获得更丰厚的利润。这也解释了为什么在接管福西亚矿场仅仅两年后的1277年，扎卡里亚兄弟就做了一件令人难以置信的事情。他们将一艘商船装满明矾和其他可销售的商品，不仅将其驶往热那亚，还冒着海盗的威胁，驶入大西洋，穿越比斯开湾，一路抵达北欧的布鲁日港口。

想象一下，当扎卡里亚兄弟的商船——由100多名划桨手操作两排桨——驶入布鲁日港口时，引起的轰动效果有多大。一艘来自传说中的拜占庭船只,神奇而又真实地出现在了佛兰德斯的中心!船上装载的20多吨货物在我们看来或许微不足道,但对布鲁日的市民来说,这艘船的货舱里装载的异域商品,比任何驮队通过陆路运输的货物都要多得多。

可以说,扎卡里亚兄弟的明矾商船抵达布鲁日的那一天,就标志着海上贸易从地中海扩展到了大西洋的时刻到来,也标志着基督教欧洲三个最先进的城邦社会——君士坦丁堡、意大利城邦和佛兰德斯城市——首次直接进行贸易往来。这一事件的后果不仅是贸易额的增长,还引发了艺术、时尚、文化、哲学和政治领域激动人心且富有成果的思想交流。可以说,这推动了欧洲的复兴,并为欧洲主宰世界奠定了基础。

然而,这些都是未来发生的事情。眼下,扎卡里亚兄弟正一路笑着走向银行。首先,他们通过出售明矾和其他商品赚得盆满钵满。接着,他们又购买了足够多的高质量佛兰德斯布料,再次装满了他们的商船,并在热那亚和君士坦丁堡出售这些佛兰德斯布料时又大赚了一笔。这条新的贸易路线——尽管面临海盗和沉船的风险——对扎卡里亚兄弟、布鲁日和热那亚来说可以说是双赢。

很快,英格兰也从中受益了。英格兰的绵羊出产欧洲最优质的羊毛,虽然大部分都出口到了佛兰德斯,但英格兰的布料贸易规模足以使其成为欧洲仅次于佛兰德斯的第二大明矾市场。扎卡里亚兄弟很快也进入了这个市场:他们的第一艘商船于次年(1278年)抵达了南安普顿,引起了与他们在布鲁日首次抵达时同样的轰动。这艘船又满载着英格兰的羊毛返回,供应给了热那亚的布料制造商。

随着热那亚人现在能够运输更大批量的明矾，并且与陆路运输相比节省了高达33%的成本，古老的贸易模式被彻底改变了。布鲁日的布料制造商有了更多高质量的明矾，能够生产出更优质的彩色布料。佛兰德斯布料和英格兰羊毛如今也得以涌入了地中海市场。几个世纪以来一直前往热那亚购买西班牙羊毛的佛罗伦萨商人，到了14世纪末，转而在这里购买英格兰羊毛了。

*

时间来到了1300年，热那亚正处于它的鼎盛时期。

1284年，热那亚人在托斯卡纳海岸附近的梅洛里亚岛决定性地击败了比萨舰队，随后通过在阿尔诺河口修建堤坝，淤塞了比萨的港口，彻底消除了这个竞争对手。1291年和1292年，扎卡里亚兄弟派往西地中海的战舰镇压了海盗，并击败了控制非洲和西班牙之间海域的穆斯林舰队。到了1295年，热那亚拥有的战舰数量达到了其悠久历史中的最高峰：165艘——仅需其中的80艘就能在1298年于克罗地亚科尔丘拉岛附近给予威尼斯惨重的一击。

热那亚商人赚取的财富使他们能够建造宏伟的宫殿，并为热那亚的国库贡献巨额资金。到1293年，热那亚海上贸易的税收表明，其应税收入接近400万热那亚镑。换句话说，这个人口可能只有10万的单一城邦国家，其收入大约是1292年法国皇家国库收入的十倍。再读一遍这个数据，确实非同寻常吧。

当然，这些财富并非全部来自明矾。热那亚商人与君士坦丁堡、希俄斯、埃及、穆斯林和基督教西班牙以及北非进行了广泛的商品贸易。例如，来自撒哈拉以南的黄金使热那亚成为1252年第一个发行金币的欧洲强国。但与布鲁日的贸易才是热那亚获取巨额财富的关键，因为明矾——来自福西亚的高品质明矾，辅以来自西班牙、北非和利帕里的低品质明矾——构成了热那亚船只北上布鲁日和南安普顿的主要货物，而返程时则以羊毛为主。

因此，明矾使热那亚在佛兰德斯和英格兰的竞争中占据了相比于威尼斯的优势。第一艘热那亚商船于1277年就抵达了布鲁日，而第一艘威尼斯商船等到1314年才姗姗来迟。

最尊贵的威尼斯共和国[①]，请让位吧。

明矾贸易也让热那亚获得了自己的尊称：堂皇雄伟之城[②]。

[①] 此处原文为 *Serenissima*，拉丁语，意思是指"最尊贵的"，曾被指代威尼斯共和国。——译者注

[②] 此处原文为 *La Superba*，拉丁语，意思是"堂皇雄伟"，曾被指代热那亚。——译者注

6 布鲁日和南安普顿的明矾

在欧洲，这会是一种罕见的现象，那就是比利时西部和法国北部那些最高大、最精美的中世纪塔楼大多并非教堂或是大教堂的塔尖。相反，它们来自布料大厅、行会大厅和市政厅，一个个散发着的是市民们的自豪感，而非宗教狂热。其中的50多座（如此之多！）被联合国教科文组织列为世界遗产，而作为一座在近两百年间都曾是欧洲最大、最强大的城市之一的布鲁日，其布料大厅的那座83米高的钟楼（建于1280年）——至少在我看来——正是这些塔楼中的佼佼者。这座钟楼不仅是布鲁日城市地位的象征，还起到了保护城市财富的作用。沿着它的石阶而上，你便会看到那扇已经有着700年历史的铁门，它曾守护着城市的金库，而金库中充盈的收入正是来自城市的布料产业。

明矾在这座钟楼建成前约一百年就已经传入佛兰德斯了。[①] 当时还是通过陆路运输，主要经由阿拉斯，是当时佛兰德斯地区那些布料城镇中最大、最繁忙的城市。这主要是因为阿拉斯是佛兰德斯地区最接近重要的香槟贸易集市的城

---

① 布鲁日输入明矾的最早文献记载可追溯至1163年。

市，12世纪时，北欧的货物在这里与从南方陆路运来的货物进行交换。而将布鲁日推上佛兰德斯主导地位的则是海上贸易，正如我们前文提到的，这种海上贸易模式正是从1277年扎卡里亚家族满载明矾的船只从福西亚抵达开始。因此，从一开始，明矾就是布鲁日这座城市获得成功的核心元素。

这是何等的成功啊！得益于与热那亚和君士坦丁堡取得的直接联系，布鲁日在14世纪时的城市规模已经达到了伦敦的四倍。其富有的市民身上覆盖着珍珠、珠宝、玉石和中国的丝绸。土耳其陶瓷和波斯地毯随处可见，异国情调的胡椒和香料、无花果、枣子、葡萄干和其他地中海水果也应有尽有，这些货物均是由威尼斯、佛罗伦萨和热那亚的船只以及后来的大型方帆船运来的。再由人力踏车驱动的起重机将来自波罗的海、大西洋和地中海的货物卸下。街道两旁矗立着优雅的四层甚至五层砖砌建筑。意大利和德意志各邦、西班牙、汉萨同盟[①]以及像美第奇和富格尔这样的富有银行家族都在布鲁日设有贸易机构，

布鲁日布匹交易所
布鲁日布匹交易所的壮丽钟楼仍俯瞰全城，该建筑于1280年火灾后重建，15世纪增建八角形塔顶——彼时蓬勃的布料贸易使布鲁日跻身欧洲最富裕城市之列。来自福西亚的明矾正是这项贸易的核心原料（来自维基共享资源）

这里同时也是北欧最重要的金融市场。正像J.A.范豪特所说的那样:"在意大利之外,没有哪个地方有如此密集的人口,如此众多且富有的资产阶级提供了如此可观的购买力和如此有利可图的市场。"这座城市的富商及其妻子们是欧洲穿着最讲究的人群之一。

明矾对布鲁日至关重要,因为它正是产出大部分财富的行业——高品质彩色羊毛织物的制造行业——中的关键成分。这座城市的织工使用的是来自英国或苏格兰的羊毛,这是欧洲最好的羊毛,而其染工则使用了顶级染料,如胭脂虫红、巴西木和青金石。但他们需要明矾来固定布料中的颜色,并赋予布料那种我们在奢华长袍、斗篷、连衣裙甚至头饰中所看到的光泽,这些服饰上的精致图案出自扬·范·艾克、汉斯·梅姆林和罗吉尔·范·德·韦登[②]之手。布鲁日还享有一项关键特权:它是勃艮第尼德兰地区的明矾集散地,这意味着所有进口到佛兰德斯的明矾都必须通过布鲁日流通,并在那里缴纳相应的关税。

在布鲁日的黄金时代,高品质的土耳其明矾被大量进口,其中大部分在达默或斯勒伊斯卸货,因为布鲁日的兹温河逐渐淤积了。行会通过抽查来确保佛兰德斯布料中只使用高质量的明矾,从而维持了最高的质量标准。在一些城市,如伊

[①] 汉萨同盟是一个德国北部城市的商业联盟,于13世纪建立,目的是保护他们在波罗的海和北海的商业利益。——译者注

[②] 罗吉尔·范·德·韦登(约1399或1400年—1464年6月18日)是15世纪尼德兰文艺复兴时期最重要的画家之一。他与扬·范·艾克和汉斯·梅姆林并称为佛兰德斯画派的代表人物,对欧洲绘画的发展产生了深远影响。——译者注

普尔，甚至对明矾的用量也有明确规定。尽管染匠们在充满有害酸性气味、臭气熏天的车间里辛勤劳作，但布鲁日的明矾商人却很快便成为了富有的知名人物，他们谈生意可都是在奢华的办公室里。到了15世纪，这座城市的明矾贸易主要掌握在热那亚的洛梅利尼家族手中，他们掌控了从土耳其运输开始的每一个环节，仅在1416年和1417年就运来了60000坎塔拉（288吨）的明矾。菲利波·洛梅利尼在遥远的佩拉（热那亚在君士坦丁堡旁边的商业区）将明矾装船，乔弗雷多·洛梅利尼则在热那亚监督货物的转运，而乔治·洛梅利尼负责在布鲁日组织卸货。乔治随后将明矾卖给布鲁日、根特、伊普尔和其他佛兰德斯纺织城镇的染工，或将其交易到不来梅、汉堡和汉萨同盟的波罗的海港口。随之带来丰厚的利润会被用来购买优质布料，乔治最后再将这些布料运回给乔弗雷多和菲利波。

当然，这种繁荣不可能永远持续下去。布鲁日在1445年进口了50000坎塔拉的明矾，但在接下来的3年里却只进口了90000坎塔拉。数字在下降，布鲁日的辉煌岁月即将结束了，而这座城市衰落的原因还是在于英国。

布鲁日的织工依赖着英国羊毛，但从14世纪开始，英国政府开始阻止"未加工"羊毛的出口，以促进国内布料工业的发展。高额的羊毛出口关税导致英国羊毛出口从14世纪50年代的每年35000袋减少到了15世纪20年代的14000袋，到了16世纪时仅有4000袋了。而相比之下，英国布料的出口则从14世纪50年代的每年6000匹大幅增长到15世纪20年代的39000匹，到16世纪时则达到了82000匹。此外，英国布料以前大多是无色的，这才让布鲁日的织工和染工得以在彩色布料贸易中占据主导地位，但到了14世纪末，英国的织工和染工已经赶上了他们的佛兰德斯竞争对手，几乎所有出口的英国布料都是彩色的。

来自英国的未加工羊毛的匮乏以及英国彩色布料质量的提升，注定了佛兰德斯布料工业的衰落。英国织工相较于他们的佛兰德斯竞争对手拥有着天然的优势：他们本地就供应高质量的羊毛。相比之下，佛兰德斯没有自己的羊毛来源，因此佛兰德斯的织工依赖进口。他们也曾试图用西班牙羊毛替代英国进口的羊毛，但这样一来便降低了他们产品的质量，进一步削弱了他们的贸易。到了14世纪末，伊普尔的布料产量下降了七成以上。

绝望之下，布鲁日禁止了英国布料的进口，试图保护本地织工的就业，但为时已晚：英国布料贸易直接转向了安特卫普，并带走了意大利和德国的商人。布鲁日的贸易逐渐凋零，兹温河的疏浚工程也被放弃了。当愤怒的失业工匠们起来反抗统治者——奥地利的马克西米利安时，他于1488年下令将所有剩余的外国商人驱逐出布鲁日，以此作为报复。

最后的耻辱发生在1491年，马克西米利安剥夺了布鲁日作为尼德兰明矾集散地的地位，并将这一特权转移给了安特卫普。是明矾开启了布鲁日的黄金时代，也是明矾标志着它的终结。

布鲁日从此进入了衰落期，其人口迅速减少到100年前的四分之一，而新的明矾集散地安特卫普则成为了世界上最富有的城市之一。

＊

在南安普顿，正如布鲁日一样，扎卡里亚家族的第一艘大帆船的到来开启了250年的贸易，其基础也是羊毛、布料和明矾。

诚然，南安普顿与地中海贸易的证据并未像在布鲁日那样辉煌地雕刻在城市景观中，但痕迹却意外地留存于其他的一些地方——例如，在北斯通纳姆的圣尼古拉斯教堂（现位于南安普顿机场旁），一块石灰石板上的中世纪意大利文字表明着它曾盖在一个拱顶上面，而拱顶下面就埋葬着那些远离家乡的意大利桨手。[1]

南安普顿布匹交易所
南安普顿布匹交易所（现称西城门厅）较布鲁日同名建筑更为简朴，约建于1400年。上层交易布料，下层拱廊市场售卖鱼类。该建筑原坐落于圣米迦勒广场（来自维基共享资源）

---

[1] 这些桨手皆来自达尔马提亚（克罗地亚）海岸，受雇于威尼斯舰船。

热那亚人，以及后来的威尼斯人和佛罗伦萨人，来到英国都只有一个原因：购买被广泛认为是欧洲最好的英国羊毛。14世纪初，英国拥有多达900万只羊，而历史学家估计当时的人口才不到300万。许多羊群属于富裕的修道院，规模庞大。南安普顿提供了双重优势：一个靠近英格兰南部牧羊山丘的大型港口，以及一条（至少在当时）通往伦敦的还算不错的道路（避免了海盗猖獗的海路），意大利人可以在伦敦出售他们的明矾、葡萄酒、水果和蜡。因此，南安普顿为意大利人充当了首都的便利外港，就和斯勒伊斯在布鲁日贸易中扮演的角色一样。此外，南安普顿还提供了通往英格兰南部市场城镇的通道：例如，有记录显示，明矾、茜草、葡萄干、肥皂、杏仁和蜡曾通过驮马和马车运送到布里斯托尔。

国王欢迎这些意大利商人的到来，并欣然给予他们法律保护，因为他意识到他们所缴纳的贸易关税将会大幅增加他的收入。然而，由商人阶级主导的议会则将意大利人视为不受欢迎的竞争对手，试图阻挠他们的发展。因此，意大利商人的地位和安全随着君主和议会谁占上风而摇摆不定。1335年和1351年，爱德华三世强势颁布法令，允许外国商人不受歧视地进行贸易。但到了1376年，议会又禁止外国商人直接向公众销售商品，并强迫他们任命一名英国代理人"托管"他们的业务。在伦敦，他们还被禁止一次居住超过40天。

事实上，对外国人的不信任时常演变成公开的愤怒和暴力，这也是意大利人更喜欢南安普顿而非伦敦的另一个更阴暗的原因。在南安普顿，很少有当地人从事商业活动，意大利人并未被视为竞争对手，也没有像在伦敦那样遭受那么多辱骂。

然而，1337年与法国爆发的战争让热那亚人在南安普顿也不再安全了，因为热那亚当时是与法国结盟的。1338年10月，一支数千人的法国和热那亚军队袭击了南安普顿，放火烧毁房屋，洗劫仓库，杀害了许多居民，并将其他人卖为了奴隶。这当然让热那亚明矾商人面临报复的风险。直到1389年，2艘英国船只袭击了1艘热那亚商船，迫使其进入南安普顿，并以热那亚为敌国为由没收了货物。当热那亚商人提出上诉时，南安普顿的市长和执行官却站在了袭击者一边。最终，还是靠国王的直接干预才挽救了热那亚的货物。

幸运的是，此类事件只是例外而非常态。在南安普顿，外国商人与当地居民的关系总体上是友好的。到了1377年，南安普顿的外国人（被称为"异乡人"！）数量在英格兰所有城镇中排名第三，其中最大的群体正是意大利人。热那亚人在修道院礼拜，佛罗伦萨人在圣约翰教堂，威尼斯人则在圣尼古拉斯小教堂。达米亚诺·德佩扎罗是一位在南安普顿生活了15年的威尼斯人，后来成为该市的自由民。克里斯托弗·安布鲁奥吉（当地人称他为克里斯托弗·安布罗斯）是一位佛罗伦萨商人，经营明矾、葡萄酒、水果和糖果，他在1486年至1487年以及1497年至1498年两次担任南安普顿市长。此外，还有一些意大利商人与英国女性通婚的例子。

然而，由于南安普顿没有本地的布料工业，意大利人带来的财富并未像在布鲁日那样渗透到当地居民中。当地人主要从事装卸船只等较为低级的劳动，而更有利可图的工作，比如与布料城镇的染工交易明矾，则掌握在来自伦敦、索尔兹伯里和考文垂的商人手中。因此，尽管有明矾贸易，南安普顿仍然是一个贫穷的城市。即使是其较富有的商人，如进口染料和媒染剂（即明矾）的沃尔特·菲特普莱斯，以及拥有船只并从事布料贸易的罗伯特·巴格沃斯，也远未达到布鲁日商人的富裕水平。

两座城市之间的财富差距在南安普顿幸存的中世纪建筑中几乎令人痛心地肉眼可见。12世纪的商人住宅（现称为克努特宫）、13世纪的称重房和14世纪的羊毛仓库（被称为明矾地窖）都是坚固的石砌建筑，但与布鲁日的同类建筑相比显得粗糙而简陋。更不用说比较一下南安普顿简陋的半木结构羊毛布料大厅与布鲁日那座宏伟的布料大厅了！这些建筑清楚地表明，南安普顿只是地中海明矾交易的第二重要目的地。

另一方面，南安普顿的明矾贸易在15世纪中叶达到了顶峰，而布鲁日则正在衰落。这两种趋势当然是相关联的，因为英国彩色布料的繁荣导致了布鲁日的衰落，同时也使得英国染工对明矾的需求量比以往任何时候都大。因此，在1438至1439年间，英国布料工业所需的明矾和染料占全国进口货物的整整四分之一，1428到1466年初，光是南安普顿就进口了3880坎塔拉（约185吨）的明矾，价值4187英镑（按今天的价格接近300万英镑），伦敦的一些染工也因此成为了富人。

然而，矛盾的是，布鲁日的衰落最终对南安普顿也产生了负面的影响，因为贸易从布鲁日转向安特卫普，形成了伦敦与安特卫普之间的新贸易轴心，而南安普顿则完全被绕过了。这座城市作为伦敦门户的角色消失了，其明矾贸易在

1490年最终崩溃，到了16世纪几乎完全消失了。随着明矾贸易的消亡，意大利大帆船再也没有理由停靠南安普顿，最后一艘船于1532年5月离开——距离扎卡里亚家族的第一艘明矾大帆船胜利驶入南安普顿水域已过去了大约250年。

随着意大利人的离去、大帆船的消失和明矾贸易的终结，南安普顿与布鲁日一样，陷入了长期的衰落。

7 明矾、奴隶与黑死病

锯齿状的城墙环绕着岩石岬角的顶端，沿着崎岖的山坡蜿蜒而上。塔楼式的防御工事沿海岸排列，其巨大的石块倒映在黑海的水面上。在罗马尼亚黑海沿岸的埃尼萨拉①，一座高耸的、有着空窗的塔楼像一个无眼的巨人一般仰望着天空。在克里米亚的苏达克②，一道拥有十四座塔楼的城墙守护着坚固的要塞。在土耳其北部黑海沿岸的阿玛斯拉③，热那亚的守护神圣乔治的十字架被雕刻在城堡的墙壁上。事实上，这些环绕黑海沿岸的城堡——尽管许多是由罗马人建造并由奥斯曼人扩建的——却无一例外地被称为热那亚城堡。其中六座被联合国教科文组织列为了世界遗产。

这是怎么回事呢？我们的位置并不处在十字军东征的路线上。我们所在的地区居住着希腊人、土耳其人、俄罗斯人、

---

① 埃尼萨拉是罗马尼亚多布罗加地区唯一的中世纪要塞城市。它于13世纪末由拜占庭贸易列强建造，随后热那亚人进行扩建，14世纪时被纳入军事防御系统要地，并随着时局成为奥斯曼帝国驻军处。——译者注
② 苏达克是克里米亚的一个重要城市，以其古城遗址而闻名。苏达克位于克里米亚的沿海地区，拥有丰富的历史和文化背景。在奥斯曼帝国时代，苏达克被称为靠近水的山，在克里米亚鞑靼语中"苏"意为水，"达克"意为山。——译者注
③ 2000多年前《荷马史诗》中提到过的阿玛斯拉，一座黑海边的小镇，以波斯女王阿玛斯特里斯的名字命名。——译者注

拜占庭人、蒙古人、鞑靼人、犹太人、波斯人、乌克兰人、格鲁吉亚人、亚美尼亚人、保加利亚人和罗马尼亚人。而且，我们与热那亚的海上距离约为1900英里。

热那亚城堡？为什么是热那亚呢？

*

我们必须要追溯到1261年的《宁菲昂条约》了，正是该条约授予了热那亚丰厚的特许权，以换取其帮助，好让米海

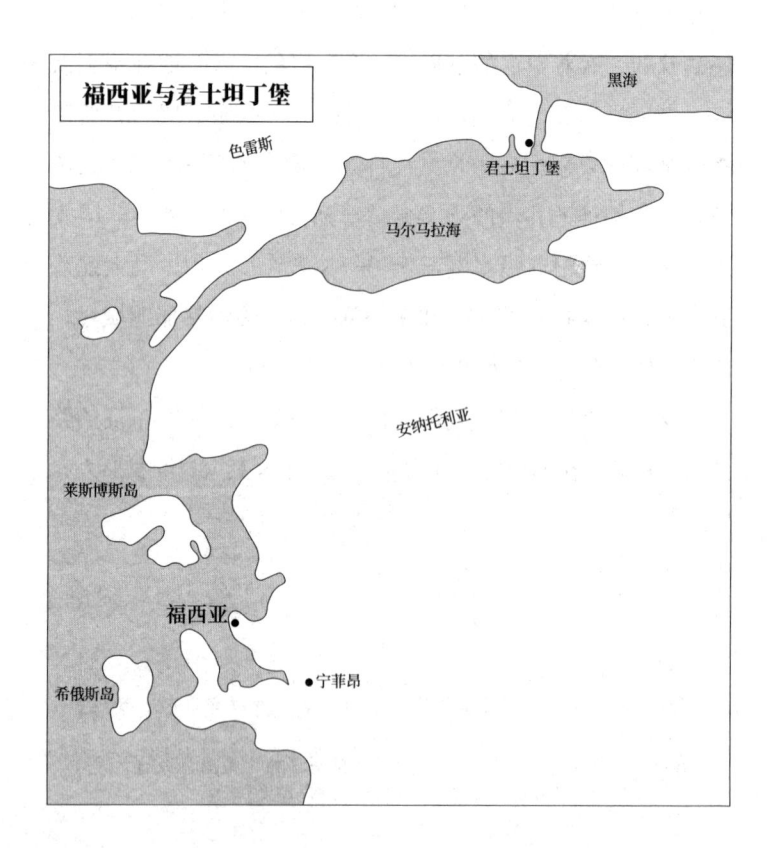

福西亚与君士坦丁堡

黑海
色雷斯
君士坦丁堡
马尔马拉海
安纳托利亚
莱斯博斯岛
福西亚
宁菲昂
希俄斯岛

尔把威尼斯人驱逐出君士坦丁堡并加冕为拜占庭皇帝。同年的晚些时候，当米海尔最终成为了皇帝米海尔八世·帕里奥洛格斯时，他将佩拉的商业区、莱斯博斯岛和希俄斯岛以及至关重要的福西亚明矾矿授予了热那亚。但这还不是全部。在威尼斯支持的拉丁人占领君士坦丁堡期间，威尼斯的船只被允许在地中海航行，然后通过博斯普鲁斯海峡（这一重要的狭窄水道在通过君士坦丁堡时并不比一条河宽多少）进入黑海。威尼斯人垄断了与北安纳托利亚（土耳其）和克里米亚海岸港口的贸易，而热那亚船只则被排除在外。但在《宁菲昂条约》后，情况发生了逆转。米海尔取消了博斯普鲁斯海峡对威尼斯的通行权，并向热那亚开放。

热那亚人不禁为之欢呼雀跃，他们被传说中丝绸之路的丝绸、香料和珠宝所吸引，驾驶着船只向北驶入黑海，沿着土耳其北部海岸一直向东航行，最终发现了……明矾。

而且还是高质量的明矾。甚至比扎卡里亚家族在福西亚开采的明矾质量更好。[1] 然而，数量却有限，因为与福西亚的明矾矿不同，这里的明矾并非在海岸开采，而是在内陆 120 公里处，也就是塞尔柱土耳其领土埃特纳的科洛尼亚开采。[2] 早在 1246 年，多米尼加修道士西蒙·德·圣康坦就将这些明

---

[1] 小亚细亚境内科洛尼亚明矾矿石品质最佳，该地矿石含明矾矿占比达 80%，安纳托利亚西岸福西亚为75%，屈塔希亚（科提埃翁）仅60%。
[2] 该地今称塞宾卡拉希萨尔，位于土耳其东北部。科洛尼亚系其希腊语称谓，拉丁语作科隆纳。希腊人亦用"马夫罗卡戎"之名，意为黑色城堡。突厥人初称"卡拉希萨尔"（土耳其语黑色城堡），后为区别同名之地改称"萨普卡拉希萨尔"或"塞宾卡拉希萨尔"。"萨普"与"塞宾"在土耳其语中意指明矾。

矾储备的价值比作银矿，而到了14世纪中叶，四处旅行的佛罗伦萨商人佩戈洛蒂则认为科洛尼亚的明矾储量与福西亚相当。塞尔柱人将大部分明矾用于生产他们著名的安纳托利亚地毯，并控制其贸易，不让明矾流向波斯、阿勒颇、十字军城镇和塞浦路斯，以及北部的黑海沿岸。因此，热那亚人只能接受塞尔柱人选择通过骡队或骆驼队历经7天的庞蒂克山脉旅程运来的明矾。但是没关系！热那亚人一眼就认出了这是顶级的明矾。他们知道科洛尼亚的明矾在布鲁日和英格兰能卖到极高的价格，并很快便高兴地通过博斯普鲁斯海峡将其运往了热那亚。

然而，在福西亚，扎卡里亚家族就变得不怎么高兴了。来自黑海的新明矾贸易削弱了他们那近乎垄断的地位，而这地位才是他们变得极其富有的原因，因此他们不可能毫无抵抗地接受这种不受欢迎的竞争。他们原本就完全有能力组建一支战舰舰队，但这一次，他们想出了一个更巧妙、更便宜、更狡猾的计划。科洛尼亚的明矾必须要通过博斯普鲁斯海峡经过君士坦丁堡运输。而他们的明矾则不需要。那么好吧。如果他们能说服皇帝米海尔八世·帕里奥洛格斯禁止通过博斯普鲁斯海峡出口所有的明矾，那么竞争将会被一举扼杀掉。

皇帝也确实欠扎卡里亚兄弟一个人情，因为他们没有让皇帝花一分钱就平定了爱琴海的海盗。此外，贝内代托·扎卡里亚甚至还很有可能娶了米海尔的一个女儿（他确实给自己的儿子取名为帕里奥洛戈，这显然不是一个常见的名字）。因此，在皇帝耳边说句话是轻而易举的，当然可能还附送了一份厚礼，而他们预期的效果也确实达到了。1275年，米海尔八世下令禁止通过博斯普鲁斯海峡从黑海出口明矾。扎卡里亚家族得意地搓起手来。他们的生意现在堪称是稳如泰山了。黑海明矾贸易被彻底摧毁了。

真是如此吗？让我们回到热那亚，商人们因此愤怒不已，因为拜占庭皇帝违背了允许他们自由进出黑海的承诺，并对失去这一有利可图的新收入来源感到极度不满。而热那亚是不会坐以待毙的。他们必须让米海尔明白谁才是真正的主人。封锁必须被打破。于是，1276年初，一艘战船从热那亚启航，奉命给米海尔一个下马威。它示威性地穿过博斯普鲁斯海峡，经过君士坦丁堡，而拜占庭人只能无奈地看着。随后，它装满了黑海明矾，准备返航。

但这一次，拜占庭人早有准备。他们俘虏了这艘船，将其拖上岸，并进一步升级了事态，不但没收了船上的明矾货物，而且还以传统的拜占庭方式惩罚了船员——每个船员都被刺瞎了双眼。

这当然激怒了热那亚人，于是他们动用了他们的"核武器"：命令他们的船只停止从安纳托利亚和色雷斯向君士坦丁堡供应粮食，或是停止供应该城赖以生存的其他任何食物。一场粮食禁运开始了。这场始于热那亚人内部关于明矾的争执，已经升级为东地中海最大城市面临饥荒威胁的局势。

让我们记住，这可是两个"友好"基督教国家之间的冲突行为。君士坦丁堡和热那亚实际上是盟友。由此可见，在这个地区进行贸易并不适合胆小者。各国之间互相贸易、背叛、帮助，又在错综复杂的局势中互相背后捅刀子。当他们发生争吵时，一些人会受伤，一些人则会被杀，而有一些人会被卖为奴隶,还有一些人则发了财。然后,事态便会又恢复到从前的样子。在这个案例中,1278年的时候,通过博斯普鲁斯海峡进行黑海明矾贸易的禁令就这么被解除了。

我不知道那些被刺瞎双眼的人此时会对此作何感想。

*

与米海尔的争执让热那亚人意识到,他们需要在黑海地区建立一个安全的基地。他们从一个看似不太可能的新盟友——来自蒙古的成吉思汗继承者——那里得到了这样一个基地。就在大约30年前,成吉思汗横扫西方后,他的庞大帝国分裂为4个(仍然庞大的)蒙古自治"汗国",其中之一名为金帐汗国,其统治者已皈依伊斯兰教,最近征服了克里米亚的大部分地区。这些来自远东的统治者非常乐意将他们克里米亚的一个港口卖给这些从遥远的西方带来如此精美布料、铁器、玻璃器皿、葡萄酒、油和武器的新势力。因此,在13世纪末,热那亚人获得了克里米亚的港口卡法(现为费奥多西亚)。而卡法则一举改变了游戏规则。

在卡法,热那亚人终于得到了他们之前在阿卡几乎要实现的目标——在1258年被威尼斯人赶出之前,他们在传说中的丝绸之路贸易路线的西端拥有了自己的贸易站,这条路线从波斯、印度和中国延伸而来。在这里,他们可以直接从蒙古人手中购买胡椒、生姜和其他香料、中国丝绸和印度棉花、珍珠、宝石和异国木材——蒙古人则会向他们收3%到5%的出口税,远低于马穆鲁克在亚历山大港收取的20%的30%的

卡法（费奥多西亚）
热那亚在克里米亚的贸易据点卡法（今费奥多西亚）曾是一座被5公里城墙环绕的大城。城内设造船厂、铸币厂、城堡、清真寺、两座犹太会堂，以及大主教、东正教与亚美尼亚教堂。因远离热那亚而略带危险气息，此地成为进取青年谋财致富之所——例如从事明矾贸易（来自维基共享资源）

费用和税款。此外，从东方到卡法的整个路线都在蒙古汗国的控制之下，因此，尽管骆驼队需要9个月或更长时间才能完成这段旅程，但根据我们无处不在的朋友佩戈洛蒂的说法，"从中国到卡法的路线无论白天还是夜晚都绝对安全"——当然更比海上航线安全，商人在海上航线可能遭遇突如其来的季风风暴而有溺水的风险，或是遭到海盗袭击并被卖为奴隶。

然而，货物必须通过船只运送到热那亚，而在这里，正如我们前面提到的，你必须通过填满船只的每一个角落来赚钱。你无法用来自东方的高价值、轻量级的商品做到这一点，因此这就是明矾发挥作用的地方。用明矾填满你的船只，就能确保获得一笔可观的利润。

卡法在黑海的位置

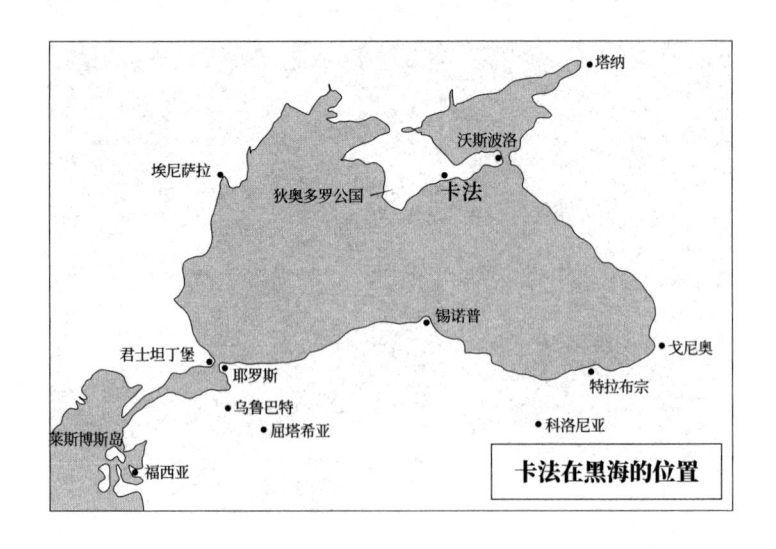

因此，卡法开始从黑海周边地区进口明矾，一部分供自己使用，但主要还是作为压舱物重新出口，并在离自己很远的地方作为高利润商品出售。1289年，来自安纳托利亚特拉布宗的500坎塔拉明矾抵达了卡法，次年又有更多明矾从特拉布宗和更西边的塞尔柱港口锡诺普运来。这些明矾最初都来自科洛尼亚。

甚至连威尼斯人也跑到了卡法去购买明矾，因为米海尔很快允许了威尼斯人重返黑海，以制衡热那亚人。尽管威尼斯的明矾贸易量从未超过热那亚，但他们运输了足够的明矾供应自己以及德国南部的城市，如奥格斯堡和纽伦堡。因此，卡法在1289至1290年间出口了高达9000坎塔拉（近430吨）的安纳托利亚明矾，甚至这还是在留下了57坎塔拉（2.7吨）供自用之后。明矾帮助卡法实现了盈利。

卡法与热那亚在佩拉、莱斯博斯和希俄斯的贸易站截然不同，后者是拜占庭领土内的商业区。而卡法则本身就是一个繁荣的多语言城市，居民包括希腊人、俄罗斯人、犹太人、亚美尼亚人、波兰人、鞑靼人、蒙古人、土耳其人、波斯人等。其人口估计在2万到7万甚至更多，堪比欧洲那些较大的城市（例如伦敦当时也只有6万到7万人口）。卡法有一座城堡，两圈同心城墙总长超过了5公里。它还拥有造船厂，并设立了法院、铸币厂和自己的主教区。这里不仅仅是一个贸易站，而且是一个成熟的殖民地，资金来源于每艘使用其港口的船只所缴纳的关税。

尽管热那亚人管理着这个地方，但他们在卡法始终是少数群体，因此这里对于宗教和文化方面的差异有着一种粗犷而直接的包容，这在欧洲腹地是闻所未闻的。卡法拥有天主教、东正教和亚美尼亚基督教的教堂，甚至还有一座清真寺和两座犹太教堂。这种开放态度是与一种狂热的、毫无顾忌的赚钱精神并存着的，吸引了任何渴望冒险致富的年轻人。因此，卡法既安全又危险，充满机遇却也危机四伏。每艘从热那亚出发的商船都必须经历一段危险的60天航程，穿越海盗横行的地中海，再经过危险的墨西拿海峡和加利波利海峡，以及拜占庭人随时可能关闭的博斯普鲁斯海峡才能达到这里。船只失事的风险很大，无论是在海上还是港口内：1347年一艘热那亚船在热那亚港口沉没，1350年又有一艘沉没了。但对于那些成功完成航程的人来说，每次成功航行所带来的利润都极为丰厚，卡法很快成为黑海地区各种商品贸易的中心枢纽。

因此，卡法迅速成为热那亚的"狂野东部"，一个能让人快速致富的地方。要知道，这里可不是那种你会带着妻子和孩子来游玩的地方，要想玩的话热那亚商人会选择体面的佩拉和希俄斯。这里的生活吸引的是那些厌倦了家乡单调生活的人，他们对这座道德让位于赚钱、宗教、国家或家庭忠诚与惯例在赤裸裸的利润追求中被无视的无底线城市感到兴奋不已。因此，明矾和谷物在出口商品排名中仅位列第二和第三也就不足为奇了。在男性主导、金钱驱动、赢家通吃的卡法，主要出口商品不是马匹、木材、染料、毛皮、皮革、肥皂、蜡、蜂蜜、盐、鱼，甚至不是葡萄酒或鱼子酱，而是活生生的人。

*

东地中海地区的奴隶制可以说是历史悠久了，一直可以追溯至《圣经》时代。奴隶的形象多次出现在埃及象形文字、亚述浮雕和希腊的陶器上。波斯、罗马、蒙古、拜占庭和塞尔柱突厥军队经常将俘虏卖作奴隶。事实上，地中海地区的所有自由民都深知，自己在某一天也随时有可能因为沿海袭击、战争或船只失事而被俘并沦为奴隶。正如我们所知道的那样，热那亚本身也曾遭到过袭击并被洗劫一空。如今，形势逆转了，热那亚开始积极参与抓捕和奴役别人。例如，1352年，他们从保加利亚海岸的居民家中抓走了20人，1365年在洗劫了亚历山大后，带走了5000人作为奴隶出售。让我们好好想一想这个数字：5000人被贩卖和出售。

不仅仅是沿海社区的居民面临被卖为奴隶的风险，内陆地区的人们也同样会遭殃，尤其是在现今乌克兰和俄罗斯的草原地带，他们被一直押送到了卡法。比如热那亚的明矾商人弗朗切斯科·德拉佩里奥——他自1445年起控制了福西亚的明矾矿——在1445年至1451年的五年间，就曾卖出了超过500名奴隶。

奴隶制确实被视为一种正常且合法的生活现实，并在天主教、东正教和穆斯林法律下得到允许。1246年，教皇谴责热那亚、威尼斯和比萨商人将奴隶运往埃及，并非因为这种贸易不道德，而是因为基督教国家不应该去帮助穆斯林敌人。早在590年，教皇格里高利在意大利的奴隶市场上看到一个待售的孩子时，令他感动的其实是这个天使般的孩子竟然是来自于异教徒的土地，而不是孩子被奴役的事实。

这一点很重要，因为黑海奴隶贸易的主要对象就是儿童。1289年至1290年间，公证人兰贝托·德·桑布塞托在卡法卖出的70名奴隶的中位年龄为12岁。1359年至1363年间，另一位公证人卖出的251名奴隶的中位年龄为14岁。[①] 人类首次被出售的平均年龄为11.3岁。尽管存在一种特殊的贸易，即将浅肤色的年轻男性卖到埃及马穆鲁克统治者的军队和行政部门服役，但大多数被出售的奴隶是女性。在性别和年龄有记录的奴隶中，80%的奴隶是年龄在8至24岁之间的女性。而性虐待现象普遍且令人发指。

在热那亚人抵达卡法之前，活人贸易就已经存在了，但

---

① 1359至1363年间的奴隶贸易集中于塔纳，热那亚与威尼斯市售奴隶年龄多在15至25岁之间。

正是在他们的占领期间，卡法港成为了该地区最大的奴隶市场。撒丁岛、西班牙、巴尔干半岛和非洲都向地中海地区供应奴隶，但来自黑海的奴隶数量远超其他地区。卡法的每个族群都参与其中。鞑靼人骑马进入草原，抓捕无辜的儿童。俄罗斯人和蒙古人出售在战斗中俘虏的囚犯。亚美尼亚人、希腊人（拜占庭人）、犹太人和热那亚人则充当了中间商。热那亚、威尼斯、拜占庭、塞尔柱、马穆鲁克和加泰罗尼亚的商人将奴隶从卡法运出，并在塞浦路斯、埃及和欧洲出售。

人们被无端抓捕，然后以高价出售，因此利润极为丰厚。以金钱计算，1455年一艘从卡法出发的船上的114名奴隶的"价值"几乎是船只本身价值的两倍。到了13世纪末，年轻奴隶在热那亚的售价相当于6头牛、6间仓库的年租金、10块羊毛布或1名水手3年的薪水。因此，希俄斯岛的热那亚公民拥有奴隶，富有的埃及家庭拥有奴隶，而热那亚的4000多名公民——包括公证人、丝绸工人、羊毛和布料商人、理发师、神父、修女和医生——都拥有一名或多名奴隶，这使得15世纪初热那亚的非自由人口几乎才占了其总人口的10%。这在意大利北部城市中是十分典型的现象。

明矾贸易和奴隶贸易在那些买卖和运输这两种商品的人手中交汇。因为在卡法，并没有专门的奴隶船或奴隶商人。那些检查、购买和运输明矾的商人，正是那些当人们被绳子拴着脖子押送到卡法时，不仅没有感到怜悯，反而看到商机的人。奴隶们被赤裸展示着，以便商人检查，然后像对待其他商品一样起草并签署合同。接着，这些男人、女人，以及更多的儿童，通常以小批量——通常少于20人，很少超过

40人——被装上船，与谷物、毛皮和明矾一起运往埃及、热那亚、马略卡、加的斯，甚至伦敦、南安普顿和布鲁日。

令我有些惊讶的是，驱动运载明矾的桨帆船的划桨手却都是自由人，因为使用奴隶划桨的做法显然直到16世纪才开始。然而，尽管奴隶在意大利主要从事家务劳动，但在东地中海地区，男性奴隶通常被剥削，从事繁重的体力劳动，例如在克里特岛、塞浦路斯和叙利亚的甘蔗田中劳作。那么，福西亚和其他地方的明矾矿是否也使用了这些奴隶呢？我读过的关于福西亚的大部分资料都奇怪地对这一话题保持了沉默。然而，1446年的一份合同显示，纳克索斯公爵为威尼斯控制的米洛斯岛明矾矿提供了自由工人和奴隶工人，还有一些资料明确提到奴隶确实在福西亚的明矾矿中劳作。难怪他们的利润是如此的丰厚。

*

到了14世纪40年代，热那亚人已经在黑海周边收获了成功的果实，他们的定居点从多瑙河三角洲的基利亚和利科斯托莫一直延伸到如今格鲁吉亚境内的戈尼奥要塞。

卡法的明矾购自特拉布宗和锡诺普。特拉布宗是位于土耳其北部海岸的拜占庭领土，独立于君士坦丁堡，而锡诺普则处于塞尔柱突厥的控制之下。此外，卡法还与一个意大利贸易站进行着贸易，令人难以置信的是，这个贸易站甚至更靠近东方——那就是位于俄罗斯顿河河畔的塔纳（今亚速）。这里的生活比卡法更加危险，因为要到达塔纳，必须穿过狭

特拉比松（特拉布宗）
科洛尼亚的优质明矾经陆路运抵安纳托利亚（土耳其）黑海沿岸的拜占庭属国特拉比松，其中大部分由此转运至热那亚的卡法贸易站。特拉比松独立于君士坦丁堡的拜占庭帝国，且国祚更久，直至1473年方被奥斯曼人征服（来自维基共享资源）

窄的刻赤海峡，横渡亚速海，再沿顿河逆流而上。然而，由于塔纳位于极东之地，丝绸之路在这里变得最短，这也解释了为什么威尼斯和热那亚的商人都认为他们值得冒这个风险。

然而，1343年，塔纳发生了一场（天主教）意大利人与（穆斯林）蒙古人之间的争执，因一名穆斯林男子被杀而失控。蒙古军队在其首领贾尼贝格的带领下直逼意大利定居点。威尼斯和热那亚商人迅速撤离塔纳，退守卡法，但贾尼贝格和他的士兵紧追不舍，从冬季开始一直围困着卡法，直到1344年为止。不过，他们无法封锁城市的海上通道，因此来自特拉布宗和锡诺普的明矾船只能源源不断地运送食物和补给。随后，当一支援军从佩拉抵达时，热那亚人冲出城市，摧毁了蒙古的攻城器械，并杀死了数千名蒙古士兵。据估计，这场冲突造成的死亡人数高达15000人。

然而，事情并未就此结束。1346年，贾尼贝格和他的军队卷土重来。他们再次围困了卡法城，从陆地上不断骚扰卡法居民，而补给依然通过海路运入。但这一次，蒙古人更加顽强，卡法城的居民不断遭受蒙古投石机从城墙外抛来的巨石攻击——这些投石机能够抛掷重达100公斤的物体。

局势迅速恶化，直到1347年5月，敌人的行动突然莫名其妙地停止了。

这是在引蛇出洞吗？卡法居民紧张地从城墙上窥探，几乎不敢相信自己的眼睛：城市周围堆满了成堆的尸体。原来蒙古人被一种致命的疾病击倒了，军队损失惨重。卡法人认为，胜利属于他们。

然而，尽管疾病严重削弱了蒙古人，但也为他们提供了

锡诺普城堡
黑海沿岸从罗马尼亚到格鲁吉亚的城堡虽多被称为"热那亚式"，实则大多经奥斯曼人重建或改造。位于安纳托利亚（土耳其）黑海沿岸的锡诺普，是科洛尼亚明矾除特拉比松外的另一输出港（来自维基共享资源）

一种武器。投石机再次启动，但这一次，落在卡法城内的不是石头，而是感染了疾病的尸体。蒙古人将数百甚至数千具尸体抛过城墙，投入城内。尸体数量如此之多，以至于卡法人无法全部清理，腐烂的尸体污染了空气和水源。很快，不可避免地，卡法人自己也开始出现疾病的症状。

这一事件被意大利皮亚琴察的公证人加布里埃尔·德·穆西斯在1348年记录了下来。感染的尸体真的被抛进了卡法吗？一些历史学家怀疑这个故事在流传中被人为夸大了，认为并非事实。然而，另一些人则指出，中世纪的投石机完全有能力完成这一任务，而且蒙古人相信疾病源于尸体，因此会希望尽快处理掉这些尸体。一些人声称，这一事件可能是世界上最早的生物战案例。但也有可能，疾病是通过老鼠在围攻者和被围攻者之间传播的，或者是由来自特拉布宗的明矾船上的水手带入的，这些船只为城市提供食物。甚至可能是由那些从更东边被带到卡法的奴隶通过同一艘船传播开来的。

然而，无论疾病的起因是什么，其后果都是灾难性的。出于对生命的恐惧，热那亚人成群结队地逃离卡法，留下当地居民的安危交给命运去决定。他们首先逃往了佩拉避难，希望在瘟疫结束后还能有机会返回卡法，但当瘟疫在6月底传染到了佩拉时，他们只得再次沿着明矾贸易路线向西逃往威尼斯和热那亚。明矾曾使这条贸易路线利润丰厚，但如今却让他们付出了可怕的代价，热那亚和威尼斯成为西欧首批被瘟疫击垮的城市。那是在1347年，黑死病降临了。

很显然，瘟疫由此迅速蔓延开来。从威尼斯开始，虱子（而非老鼠和跳蚤）沿着明矾贸易路线将疾病传播到奥地利和德国南部。然而，从热那亚到英格兰的海上明矾路线还要更快一些，因此黑死病在南安普顿、布里斯托尔和伦敦暴发的时间甚至要早于奥格斯堡、纽伦堡或维也纳。

*

黑死病在欧洲最终夺走了约2500万人的生命，并在亚洲、近东和北非也造成了巨大的破坏。全球范围内，可能有2亿人因此而丧生。

然而，讽刺的是，在这场灾难性事件中扮演了关键角色的卡法和塔纳却几乎毫发无损。塔纳的争端得以平息，威尼斯人和热那亚人重返故地，生活和贸易似乎一如往常。

但表象之下暗藏着危机。黑死病引发的混乱加速了金帐汗国的崩溃，当战乱爆发时，通往克里米亚的北方丝绸之路变得不再安全。于是，商人们重新转向通往埃及的南方路线，卡法的长途贸易逐渐枯竭了，热那亚人被迫再次在亚历山大购买丝绸、香料和珠宝，而价格则由马穆鲁克人掌控。

奇怪的是，卡法并未因此衰落。相反，卡法却繁荣了起来，热那亚人开始大兴土木。佩拉的加拉塔塔建成，博斯普鲁斯海峡与黑海交汇处的约罗斯要塞得以扩建，卡法自己的城堡也加固了城墙，墙宽2米，高11米，长达700多米。热那亚在军事上也颇为活跃，他们从狄奥多罗公国（拜占庭特拉布宗的基督教附属国）手中夺取了琴巴洛（今巴拉克拉瓦），并从金帐汗国手中夺得了索尔达亚（今苏达克）。当热那亚进一步占领克里米亚东端的沃斯波罗（今刻赤）时，其领土沿克里米亚海岸延伸了100公里，控制了亚速海和通往塔纳的路线。

在没有来自中国和印度的那些传奇商品的情况下，这一切是如何实现的呢？

答案是，卡法依靠黑海地区本身的普通物产变得富裕：小麦、谷物和鱼类供应君士坦丁堡和特拉布宗，还有奴隶、皮革、蜡、盐、水果、毛皮——当然还有明矾。高质量的明矾来自科洛尼亚，运送到特拉布宗和锡诺普的热那亚商业区。而至少从1395年起，来自安纳托利亚西部屈塔希亚的低品质明矾也开始流通。令人难以置信的是，甚至还有通过骆驼运到塔纳的明矾，这些明矾可能来自阿塞拜疆甘贾矿区，经过了长达1000公里长途跋涉。如此漫长的旅程足以证明明矾的高价值。

此外，当船只从卡法启航时，它们通常会在佩拉出售部分高价的奢侈品，然后装上更多明矾，前往塞浦路斯、热那亚、布鲁日和南安普顿。供应是充足的：马尔马拉海港口提供乌鲁巴特的明矾，爱琴海港口阿尔托卢戈（今以弗所）和帕拉蒂亚则提供屈塔希亚的明矾，福西亚的明矾由热那亚家族协会"马霍纳"经营，莱斯博斯岛的明矾则由热那亚加蒂卢西奥家族管理。1397年，仅1艘船就在3天内装载了2500坎塔拉（119吨）明矾。

有记录以来最大的明矾运输量是1395年的18000坎塔拉（857吨）。这一壮举之所以得以实现，是因为热那亚人将300吨的桨帆船替换为帆动柯克船和卡拉维尔船，这些船只

中世纪意大利加莱船

1295年，热那亚人拥有165艘用于贸易与作战的加莱船。单凭异域香料与水果难以填满船舱，然以明矾堆满货舱，再以东来奇货补足余量，贸易暴利可期。实质上，热那亚舰队已成为一支明矾运输舰队（来自维基共享资源）

的载货空间在15世纪初能达到600、700甚至950吨。事实上，正是明矾贸易推动了这一船舶设计的发展，因为正如查尔斯·维尔林登所言，15世纪的上半叶，热那亚舰队本质上就是一支明矾舰队，因为无论是按重量还是价值计算，明矾都是热那亚船只从东方返航时运输的最重要货物。

然而，尽管明矾确保了热那亚人在黑海地区又繁荣了一个世纪，但它也为一个竞争对手的崛起提供了资金，而这个对手终有一天会将热那亚人赶出这片土地。

1352年，当奥斯曼人与西方国家签署第一份贸易协议时，这个国家正是热那亚，而让奥斯曼人从中获取丰厚利润的商品正是明矾。

8 明矾与奥斯曼人

1453年是历史上一个罕见的转折性时刻。与英格兰的1066年类似，这个年份不仅被历史学家视为一个很方便记忆的分水岭，即便是当时的人们也真切感受到了两个时代在这一年里树立了界碑。

　　当基督教的君士坦丁堡于1453年沦陷于穆斯林奥斯曼帝国之手时，这不仅是一座重要城池的失守，而且还象征着西罗马帝国覆灭千年之后，东罗马帝国的血脉宣告就此断绝。曾经囊括埃及、美索不达米亚、安纳托利亚和巴尔干的拜占庭帝国宣告终结了，基督教曾在东地中海宣称的至高无上的地位也随之倾覆。即便在拜占庭帝国萎缩至昔日辉煌的一片残影时，其腹地君士坦丁堡仍以固若金汤之姿彰显着帝国的余威——庞大的人口规模、传承千年的典仪传统、巍峨雄伟的城墙工事，共同构筑起这座传奇都城的精神图腾。这座城市的惊人财富（明矾贸易贡献颇丰）使其得以屡屡退敌。罗马的光环在此黯然失色：基督教的君士坦丁堡才是真正的永恒之城。历经1100年的沧桑巨变，在人类文明的时间尺度上，它已然成为代表着永恒的精神坐标。对敌人和盟友都是如此。而这座丰碑倾颓之际，世界格局也必会为之剧变。

君士坦丁堡曾数度濒临绝境，却总能浴火重生。为何1453年会成为转折点呢？奥斯曼人又是如何完成这历史性突破的呢？

未经深思时，我总想象奥斯曼人是像成吉思汗的铁骑横扫亚细亚那般，以摧枯拉朽之势席卷了安纳托利亚。以我的认知，他们攻克君士坦丁堡是西进扩张的高潮，而这场胜利又为后续征服欧洲铺平了道路。

但历史真相却与此截然不同。

事实上，早于奥斯曼帝国数个世纪，这片土地上就存在着另一个穆斯林强权——塞尔柱突厥人。1071年的曼齐刻尔特战役中，他们已经击溃了拜占庭军队①，建立起一个横跨印度、波斯直至安纳托利亚的庞大帝国，其鼎盛时期恰与征服者威廉在诺曼底和英格兰打造的小型王国处于同一时期。塞尔柱人几乎掌控了整个安纳托利亚，仅剩黑海沿岸的特拉布宗拜占庭微型帝国，以及西部如福西亚等零星飞地仍属君士坦丁堡管辖。自此，拜占庭人始终隔着海峡与这个强盛的穆斯林帝国对峙着。

13世纪在蒙古铁骑的冲击下，塞尔柱帝国分崩离析，取而代之的是10余个半独立的穆斯林酋长国争雄逐鹿。奥斯曼人正是其中一支，最终得以脱颖而出。其首位领袖奥斯曼一世②在安纳托利亚西北开疆拓土。奥尔汗则在1352年从拜占庭手中夺取了一些欧洲领土。后来的穆拉德一世继续在欧洲扩张，其新都埃迪尔奈更是一座位于君士坦丁堡以西的欧洲城市。因此，君士坦丁堡的陷落绝非奥斯曼征服欧洲的开端，相反，正是奥斯曼在欧洲的持续扩张早已将这座帝都逼入了绝境。他们并非自东方席卷而来，而是早已切断了君士坦丁堡与西方的联系。

若要理解这场持续数十年的战争是如何获得资金支持的，就必须聚焦于明矾贸易。征服者常以重税压榨新征服的地区，但奥斯曼却以轻税闻名。他们的军事开支主要来源于对两大战略物资——粮食与明矾——的精明掌控：通过垄断贸易将价格推至市场承受的极限。

从奥斯曼视角看，此计精妙之处在于其贸易的主要客户正是他们的基督教宿敌：拜占庭人、威尼斯人与热那亚人。由于缺乏替代来源，这些基督教势力不得不依赖奥斯曼供给。奥斯曼将粮价与明矾价格抬得越高，基督教诸邦就越是在不知不觉中资助了这台终将有一天摧毁自己的军事机器。

*

然而奥斯曼人对明矾贸易的掌控，早在攻陷君士坦丁堡前便已确立了。1326年，他们夺取土耳其西北部的乌卢巴特明矾矿，并控制了马尔马拉海沿岸的出口港特里格利亚。1361年，他们又占领了今希腊东北部的萨佩斯明矾矿（该矿继续由加蒂卢西奥家族经营，该家族同时管理着莱斯博斯岛

---

① 曼齐刻尔特战役（1071年）发生于安纳托利亚极东境凡湖附近。
② 奥斯曼帝国得名于奥斯曼一世。奥斯曼（Osman）一词中的"s"发音近似浊辅音"th"。意大利人将"th"转作"t"，并插入第二音节分隔辅音，遂得"Ottomani"之名，英法诸国继而沿袭。而德语则仍沿用"Osmanen"之称。

米蒂利尼的矿场）[①]。1389 至 1390 年间，他们接管了屈塔希亚[②]的明矾开采，并掌控其出口港阿尔托卢戈、帕拉蒂亚、安塔利亚和卡斯特罗。

1402 年，帖木儿[③]率领的蒙古大军在安卡拉战役中击败了奥斯曼人，令其短暂受挫。但到了 1420 年代，奥斯曼人已重新掌控土耳其大部分地区。与萨佩斯的情况相似，奥斯曼人乐于将明矾矿开采与港口管理外包给热那亚人——当然需收取费用。正如历史学家凯特·弗利特所言，热那亚人甚至经常代征明矾港口的税费，已然成为"国家官僚体系的一员"，甚至成为了"奥斯曼国家雏形中不可或缺的部分"。与此同时，他们为奥斯曼人提供了稳定可靠的财政收入，这些收入被悉数投入了军事扩张。

至于福西亚？这座脆弱的拜占庭飞地仍孤悬于土耳其西海岸。其明矾矿由热那亚权贵家族联盟马霍纳所有[④]，并由热那亚"农场主"（这里指的是实际运营者）管理。但热那亚人深知，尽管福西亚名义上仍属拜占庭皇帝管辖，其明矾产业实际上已处于奥斯曼人的阴影之下——后者随时可能发动突袭。1424 年，他们在希俄斯岛基地囤积的约 10 万坎塔拉（4760 吨）明矾库存，对任何潜在入侵者都是极具诱惑的。为此，热那亚人采取了传统的外交策略：通过礼节性拜访并承诺每年支付 2000 杜卡特[⑤]，与新邻居修好关系。请注意，这绝非贿赂，更非朝贡，权且称之为"年度赠礼"。奥斯曼人则欣然笑纳——何乐不为呢？此安排甚至让他们从未掌控的明矾矿为自己带来了利润。更有甚者，若热那亚人某一天无力支付这笔款项的话，这就将会成为奥斯曼要挟福西亚的筹码。

历史进程恰如这般展开。当地中海战火阻断了明矾贸易，福西亚的收入顿时骤减。至1421年时，马霍纳已拖欠奥斯曼人6年"赠礼"了。新登基的苏丹穆拉德二世会以此为借口吞并福西亚，一举夺取这座富饶的明矾矿吗？

　　热那亚人是何其幸运啊——穆拉德二世胸怀更宏大的蓝图。1422年，奥斯曼人首次围攻君士坦丁堡。整整3个月间，奥斯曼用炮火轰击城墙，又用投石机将巨石砸向这座千年古都。正在拜占庭危如累卵之际，穆拉德突闻惊变：其弟穆斯塔法在安纳托利亚起兵反叛，欲夺奥斯曼的大权。此时穆拉德与主力部队正被困于博斯普鲁斯海峡欧洲一侧，缺乏舰队无法返航。若不能速回安纳托利亚，叛乱极可能成功。

　　嗅觉敏锐的热那亚人窥见了这个天赐良机。他们试探道："苏丹是否需要租借热那亚战船？热那亚舰队愿为陛下效劳——当然，若陛下愿宽宥福西亚债务之小事……"于是交易达成了。热那亚战船载着奥斯曼大军横渡海峡，穆斯塔法兵败身亡，穆拉德保住了苏丹之位，余下皆为史册所载。

---

① 萨佩斯于1361年臣服奥斯曼。正如塞宾卡拉希萨尔中的"塞宾"，萨佩斯之名亦源出土耳其语明矾称谓。
② 屈塔希亚地区辖境涵盖迪兹。
③ 该人物在英国更以"坦布兰"之名广为人知。
④ 诸多家族改姓朱斯蒂尼亚尼以彰显其隶属马霍纳合营会。
⑤ 杜卡特金币，或称杜卡币或泽西诺币或西昆币。意大利威尼斯铸造的金币，1284—1840年发行。近似足金（经检验含金量为0.997），重3.56克。12至13世纪时在威尼斯共和国开始使用，由于其便于铸造、携带、整理，价值又高，在中世纪欧洲受到很大欢迎。也常见于荷兰的金银币。杜卡特分金银两种，希俄斯与福西亚所铸币值皆低于威尼斯版，故其实际价值难以确估。然据玛丽-路易斯·埃尔研究，奥斯曼初定的2000杜卡特之数即显压逼之势：1453年增至三倍达6000杜卡特，1456年提至万枚，1457年更飙升至3万枚之巨。

试想若无热那亚舰队的相助，穆斯塔法叛乱是否会重创奥斯曼呢？历史是不容假设的。但蒙古、拜占庭与特拉布宗帝国[1]的确因为这场皇室内斗而元气大伤。可确定的是，彼时除穆斯塔法外，再无势力能阻穆拉德的扩张了。教宗呼吁欧洲干预的檄文早已石沉大海，威尼斯组建反奥斯曼联盟的努力亦付之东流。君士坦丁堡解围后，拜占庭皇帝默认权力天平已然倾斜，开始向奥斯曼缴纳岁贡。

可以说，热那亚人为了保全福西亚明矾矿，不惜扼杀了奥斯曼内战的潜在可能性——这原本是唯一能延缓或阻止奥斯曼征服进程的变数。

*

回望历史，东地中海基督教势力的行为显得目光极其短浅。他们究竟为何如此彻底地低估了奥斯曼帝国的崛起之势呢？

要知道，基督教诸邦曾见证过蒙古、塞尔柱突厥等强权的兴衰更替。他们早已习惯应对权力格局的变迁，并深信总能以金钱化解短期危机。也正是因为如此，直至最后关头，热那亚、威尼斯、特拉布宗拜占庭小公国，乃至克里米亚那些更微小的狄奥多罗拜占庭公国，仍在彼此攻讦而非联合抗敌。1423年，狄奥多罗人袭击了热那亚贸易据点琴巴洛，卡法守军耗资巨万保护城池；1431年威尼斯再度向热那亚宣战；1433年狄奥多罗支持的叛乱夺取了琴巴洛，热那亚人旋即夺回该城并摧毁其港口卡拉米塔；最晚到了1446年，特拉布宗甚至还派了13艘战船去劫掠卡法。基督教诸势力在自相残杀中为奥斯曼铺平了征服之路，浑然不觉对手正谋划着长远的棋局。

那些明矾商人与军事统帅一样对即将席卷而来的浪潮视而不见。福西亚在热那亚巨贾弗朗切斯科·德拉佩里奥的经营下正值鼎盛，光是1451年出口的明矾就高达15800坎塔拉（745吨）。德拉佩里奥更以每年5000杜卡特的代价，迫使加蒂卢西奥家族停止莱斯博斯岛的明矾生产以消除竞争。这份于1450年签订的十年协议，却成了一个后来被证实为天真的幻想——奥斯曼人的铁蹄之下岂容你十年之约？

唯有君士坦丁堡的拜占庭皇帝约翰八世预见了末日的到来。他乞求波兰与匈牙利国王驰援东方基督教世界，甚至以承认教皇权威、促成东正教与天主教会合并为筹码换取军事援助。但这屈辱的妥协却激怒了国内的民众。1444年，最后一支以保卫君士坦丁堡（而非收复耶路撒冷）为名的"十字军"远征至保加利亚瓦尔纳，遭穆拉德二世重创。西方援军至此断绝。

当1453年4月终局降临时，君士坦丁堡几乎孤立无援。整个基督教世界对这座圣城的支援，仅是700名热那亚士兵、5艘威尼斯与5艘热那亚战舰，以及少量加泰罗尼亚人。此时的奥斯曼人已拥有了自己的舰队，更是使用了直径60厘米、重达600公斤的炮弹轰击那座千年的城墙。1422年还曾坚守

---

① 特拉布宗帝国（位于今土耳其境内黑海沿岸的特拉布宗）是在第四次十字军东征期间，拜占庭帝国第一次被灭后由拜占庭帝国科穆宁王朝后裔建立的帝国。存在时间为约1204—1461年。——译者注

了3个月的城防，而这次仅半个月即宣告崩溃。到了5月末，苏丹穆罕默德二世宣布这座更名为伊斯坦布尔的城市成为了奥斯曼帝国的新都。

身处佩拉城区的热那亚人全程目睹了这场围城。他们虽曾宣誓效忠拜占庭皇帝，却在1452年以金钱捐献敷衍义务。围城伊始，这些"盟友"冷眼旁观。等胜负已定时，他们立即把佩拉城门钥匙献给了征服者。此举虽失气节，却保住了他们的飞地——苏丹赐予了他们特许状，保障其财产、生计、信仰与贸易的权利，甚至赋予奥斯曼帝国内罕见的自治权。代价则是佩拉居民与其他非穆斯林一样，需要缴纳人头税。

佩拉终究得以幸存。尽管大获全胜，奥斯曼人似乎仍愿与残存的基督教飞地达成协议。这令人稍感宽慰——或许最后看来恐慌是没有必要的。既然热那亚人能通过谈判保全佩拉，难道不能别人如法炮制保住卡法与其他属地？或许这般权宜之计能帮助他们撑到奥斯曼人被逐出君士坦丁堡那一天？这片土地上的众多基督徒都十分坚信，穆斯林对君士坦丁堡的征服不过只是昙花一现而已。

*

然而，如果有人仍未能意识到世界已彻底发生了改变，那么必将遭遇残酷的觉醒。

穆罕默德二世亟需昭示自己已是这片疆域的绝对主宰，而明矾贸易正是宣示权威的最佳舞台。他首先将希俄斯港（明矾存储与转运中心）马霍纳的"赠礼"从2000杜卡特骤增

苏丹穆罕默德二世
1453年5月,穆罕默德二世率奥斯曼军队攻陷君士坦丁堡。基督教势力曾冀望其只是短期占领,然而穆罕默德凭借肃清该地区残存独立领土之举一举粉碎了基督教势力的幻想——首当其冲的即是在1455年夺取了福西亚明矾矿区(来自维基共享资源)

至6000杜卡特。随后于1455年派遣舰队直扑福西亚。

令人咋舌的是,舰队中竟然有弗朗切斯科·德拉佩里奥的身影——甚至有传言声称他其实是舰队的统帅!这位昔日的拜占庭明矾矿主深谙政权更迭时的生存之道:迅速改换门庭,主动请缨率军攻打福西亚的旧同僚。德拉佩里奥显然期望以此换取继续经营暴利矿场的特权,却终成了泡影——奥斯曼人在夺取福西亚后,决定亲自管理明矾矿,即便新管理者与工人尚需学习专业技能会导致产能的暂时下降。数年后,他们甚至将福西亚矿场外包给了威尼斯财团。[1]

随着福西亚的易主,热那亚人在爱琴海仅存的据点就只剩下莱斯博斯岛(含明矾矿)与希俄斯岛(储满明矾的仓库)了。许多热那亚人寄望于这些储备能维持市场供应,直至基督教

---

[1] 1463年,福西亚包税权被授予威尼斯商人巴尔托洛梅奥·佐尔齐与吉罗拉莫·米基尔。1475年该地税权再度外放,然受包方已佚名。

势力发起反攻。事实上，希俄斯岛的库存是如此之庞大，马霍纳竟凭此又支撑了五年的贸易：1455年，9艘巨轮将7.1万坎塔拉（3500吨）的明矾运往了佛兰德斯与英格兰；而1456年，一艘载有5500坎塔拉明矾的船只驶向英格兰，另外还在加的斯卸了1000坎塔拉的货。

讽刺的是，库存没能衰竭的缘由之一竟是因为莱斯博斯岛矿场的重启——3年前德拉佩里奥曾试图关闭过它们。此刻这些矿场却成为了维系供应的命脉，世界却已然天翻地覆。

这样的局势其实正中穆罕默德的下怀：他于1456年将希俄斯岛马霍纳的"赠礼"从6000杜卡特抬至了1万杜卡特，1457年更是暴涨到了3万杜卡特——较五年前激增十五倍之多。曾助力攻陷君士坦丁堡的明矾贸易，如今继续为奥斯曼的战争机器注入巨资。

然而，很显然希俄斯岛的明矾终有耗尽的那一天。年复一年，库存的缩减与基督教光复君士坦丁堡的希望同步消逝了。随着供应量的萎缩，明矾的价格飙升起来：热那亚的坎塔拉单价从1453年前的2.5里拉涨至1455年的6.5里拉，1458年则高达8至10里拉。威尼斯商人的记录显示，至1462年价格已然翻了九倍。

意大利商人被迫以新高价从福西亚、屈塔希亚与萨佩斯购入奥斯曼明矾。1462年，穆罕默德以血洗莱斯博斯岛最后的热那亚矿场作为了"庆典"——400名意大利人被腰斩，余众则沦为了奴隶。

*

明矾价格的高企虽然让热那亚本土的商贾头痛不已,却让远在3000公里以东的卡法殖民地热那亚人喜上眉梢。

是的,卡法。令人震惊的是,即便奥斯曼人已掌控了博斯普鲁斯海峡两岸,热那亚人仍死守着他们的黑海飞地。诚然,卡法人如今需要向苏丹缴纳年贡(从2000杜卡特逐年增至4000杜卡特),其商船还须在伊斯坦布尔(君士坦丁堡)接受检查,缴纳关税与"保护费"。即便如此,仍有热那亚船只遭奥斯曼炮击,迫使许多赴卡法商船选择铤而走险,违令强闯博斯普鲁斯海峡。换言之,卡法的贸易已演变为了一场更加危险、更考验胆魄的死亡游戏。

越来越多的热那亚官员婉拒赴卡法任职,这其实并不令人意外。但对敢于冒险的商人而言,黑海商品价格的飙升令利润空间膨胀到前所未有的诱人程度。卡法商人从特拉布宗拜占庭残余领土所购入的科洛尼亚明矾,如今能在热那亚以四五倍的高价转手。

在暴利的驱使下,一条陆路贸易线被开辟至了波兰的利沃夫(今乌克兰的利维夫)。部分明矾供应波兰纺织业,余者则西运至德意志地区。但主航道仍须穿越博斯普鲁斯海峡——比起卡法明矾走私者的惊险航程,美国内战时期突破封锁线的军火走私简直是孩童的游戏。这些亡命之徒不仅要躲避海峡两岸城堡(尤其是新加固的鲁梅利城堡)的炮火,更需在狭窄处仅750米宽的水域上演生死时速。试想:在两岸火炮交叉火力下,竟然真有热那亚商船能成功突围出去,简直堪称是奇迹。

卡法凭借这种难以置信的险象环生的方式,作为热那亚殖民地又苟延残喘了22年,足以彰显其商人的坚韧、勇猛(抑或纯粹的蛮勇)。但这一切总有一天会走向终结。穆罕默德二世正在清扫所有尚未臣服的飞地：1461年吞并了特拉布宗拜占庭小帝国,1471年夺取了塔纳①,1473年则占领黑海地区最后的高品质明矾矿——科洛尼亚。这座矿场自此以土耳其语更名为塞宾卡拉希萨尔("塞宾"意为明矾+"卡拉"意为黑色+"希萨尔"意为堡垒)。奥斯曼人保留了基督教矿工,条件是他们可以免于"德夫希尔姆"——也就是童子征募制——这种残酷的制度强制从基督教家庭掳走男孩,使其皈依伊斯兰教并训练为士兵或是宫廷官员。事实上,塞宾卡拉希萨尔的明矾矿直至20世纪初闭矿前,始终在由东正教希腊人运营着。

卡法的末日于1475年降临了。7万居民抵抗了7天,终被奥斯曼铁骑踏破城门,终结了热那亚的统治。3000名在卡法劳作的奴隶(男女老幼)被从基督教主人家中夺走,其中穆斯林重获自由。热那亚人与从塔纳逃难至此的威尼斯人被迫交出半数财产现金,乘船流放至佩拉。但并非所有人都能得此"优待"——约1500至5000名20岁以下的意大利男孩与450名意大利少女,连同波兰人、罗斯人、瓦拉几亚人、格鲁吉亚人等,沦为了奴隶。唯有希腊与亚美尼亚族群幸免于难。热那亚的殖民史诗始于公元935年(为报复千名热那亚妇女被掳),却在500年后以千余名热那亚青年男女被锁链拖向奴役之路而告终。

＊

新世界秩序的残酷现实终于显露无遗了。奥斯曼帝国已成定局,君士坦丁堡永远从基督教世界版图上消失了。拜占庭帝国覆灭,热那亚的黑海殖民地亦告终结[②]。明矾产业如今尽归穆斯林掌控:马穆鲁克王朝把持着埃及与也门的明矾矿,奥斯曼帝国则垄断其余所有。

热那亚、威尼斯、加泰罗尼亚与佛罗伦萨商人别无选择,只能无视教皇禁令,从穆斯林国家采购明矾。欧洲贵族与新兴资产阶级(尤其在意大利与佛兰德斯)对明矾媒染的华美衣料与家居织物趋之若鹜,即便价格高企,需求仍持续攀升。明矾由此成为最后一种从穆斯林东方大宗输往基督教西方的商品。

基督教欧洲为此付出了巨大的代价。热那亚明矾商人乔瓦尼·德卡斯特罗曾估算,1462年时明矾贸易每年为奥斯曼输送了高达30万杜卡特的财富。正是这笔资金支撑着奥斯曼大军:1456年他们兵临贝尔格莱德城下,1458年攻占了雅典,1460年则席卷了整个伯罗奔尼撒(希腊南部),1463年征服了波斯尼亚。

穆罕默德二世曾扬言,攻克君士坦丁堡后,征服罗马也指日可待。如今看来,欧洲人为土耳其明矾支付的真金白银,正在将这一狂言变为可能。

[①] 威尼斯与塔纳之渊源,今犹存于塔纳河滨道的运河名中。
[②] 热那亚人最后失于奥斯曼的据点,乃1484年摩尔达维亚境内之蒙卡斯特罗与基利亚两城。

9 意大利的明矾过剩与危机

请屏住呼吸!

此刻的您正置身于中世纪末的意大利,即将探访一座染坊工坊。而我必须提前警告您:这绝非一场愉悦的体验。是的,我们都喜欢染匠在羊毛织物上所创造出来的华美色彩,但获取这些色彩的工艺过程嘛……恕我直言,堪称城市中最令人作呕的气味来源了。此言绝非夸张——毕竟我们的城市本就充斥着街边便溺桶、悬挂于窄巷的腐肉臭鱼,何谈芬芳可言?

现在您闻到这股刺鼻的气味了吧?那是菘蓝发酵的味道。作为欧洲最常用的染料植物,菘蓝的气味堪称臭名昭著。染工将成捆叶片捣成紧实的球体,任其发

菘蓝
蓝色染料取自菘蓝叶,其制法殊为熏臭——需将叶片发酵九周之久(来自维基共享资源)

酵9周之久。没错，整整9个礼拜都弥漫着恶臭！据说英国女王已明令禁止在皇宫"附近"——指的是5英里内——进行菘蓝加工了。

而此刻袭来的这股腐腥味呢……同样令人窒息吧？它源自数千只骨螺——这些海蜗牛般的生物正在巨缸中缓慢腐烂着。待其充分腐败后，会渗出一种脓液般的黄色分泌物。哎！只不过如果您能将这秽物涂抹于羊毛织物上，那么便会幻化出尊贵的帝王紫色来。

骨螺
腐烂的骨螺会分泌恶臭的黄色液体，可从中提取深紫色染料。染匠因所处行业散发的刺鼻气味而备受轻视（图为紫染料骨螺或棘刺染料骨螺，学名 *Bolinus brandaris*，摄于意大利加里波第港）（来自维基共享资源）

接下来这股堪比粪坑的恶臭，一定会让您肠胃翻涌不止的。看看那些满溢的陶缸吧——里面盛满了陈年的人尿。染工正是用这些尿液洗涤明矾中的铁盐，以免铁盐在布料上留下暗斑。每染一匹绯红织物需要耗费10磅明矾，对应的尿液用量可想而知。

这里还有一组奇妙的气味交响曲。味道也那么刺鼻吗？当然。难道还带点鱼腥？混杂油脂味儿？没错——我说的正是一种融合了腐臭油脂、动物尿液与腌鱼卤水的混合物，染匠们用这种"佐料"微调色泽或是提升染色效果。

哦，另外如果我是您的话，我就绝不会揉眼睛——这边罐子里盛着的是砒霜，那边木桶则满是升华处理后的水银，或者说是汞。这些可都是带有高度腐蚀性的。所以说实在的，您最好别深呼吸。还有咱们眼前蒸腾的这片雾气是碱液，由草木灰与小苏打反应制成。容我提醒一下：这东西连金属都能给腐蚀掉，要是血肉之躯掉进去那可是后果不堪设想。

明矾自身亦会释放出酸蚀性的烟雾。[①] 染匠们只能默默忍受。让我们听听这段染黄秘方吧：

> 先将明矾捣碎，放入水中后置火上搅拌。另取布料浸清水，再投入明矾溶液……当你把布料矾一下（以明矾浆揉搓布料）时，需取亚麻布片（碎布）同拭，以便试色辨质。

这字里行间可有一句提醒工匠要注意防护口鼻的吗？真不敢想象当年那些毒雾会对他们的鼻腔和肺部造成多大的侵害……

什么，您是认真的吗？想提前结束参观了？可惜啊，我这里还有诸多神奇的东西没来得及向您展示呢……

不过，或许您会对另一项明矾相关产业感兴趣？瞧，那边就是制革工坊。刚运来的生皮还挂着零星的碎肉呢——工匠会先将其刮净，再将皮革浸入明矾、盐、面粉与蛋黄的混

---

① 当明矾与染料共同煮沸时，其硫酸根离子与水发生化学反应生成硫酸。在21世纪的印度，61名仍使用传统明矾染色法的工人中，有52人在10年内出现呼吸系统病变。现代安全标准将明矾列为中度危害物质，规定其使用场所每立方米空气中明矾粉尘含量不得超过0.5毫克。

合物中，最后再挂起晾干。在鞣制染色前，这些皮革还要用陈尿"清洗"（好吧，或许这个词用得不太贴切……）。工坊里四处弥漫着刺鼻的腥膻与金属味，发酵的尿液与动物脂肪在空气中交织成一股令人窒息的浊流。当您掩鼻欲逃时，可曾想过——正是通过这些令人作呕的工序，才得以为中世纪欧洲造出了骑士的甲胄、贵族的皮靴与誊写员手里的羊皮卷？

*

请遮住双眼！

如果漫步于北意大利城市的街巷广场，您肯定会被斑斓色彩晃了眼。威尼斯、佛罗伦萨、米兰、卢卡等地的染匠世代受益于地中海、非洲和亚洲输入的各种纷繁的染料，更关键的还在于拥有着来自福西亚、科洛尼亚与埃及的顶级明矾。因此，每家工坊都研发出了独特的染料配方，并都以明矾为媒染剂，调配出极致绚丽的色彩。

染匠的精湛技艺，叠加本地以优质英格兰与西班牙美利奴羊毛织造的布匹，以及佛兰德斯进口的顶级织物，催生出了双重的奇迹：其一，人口稠密——我们是欧洲最都市化的地区，威尼斯、米兰、佛罗伦萨与热那亚雄踞欧洲五大都市之四，远胜巴黎、罗马与伦敦；其二，财富滔天——且让我们仰望城中建筑吧！不仅教堂穹顶巍峨——教廷即便在贫瘠之地亦能筑起圣殿——更要瞩目于市政厅、图书馆、商人宅邸、市场大厦乃至造船厂的恢宏气派。当然，最夺目的还是满街的华服霓裳，这般盛景在欧洲是绝难再出现的！

那深邃的琉璃蓝源自靛蓝：印度输入的膏状染料经染匠以蜂蜜与石灰溶解，色泽远胜菘蓝之晦暗。明艳的橙红则是取自巴西木，产自印度、锡兰与东印度群岛。至于那超越了茜草极限的奢靡绯红？皆出自胭脂虫红——由某种雌性介壳虫干体制成。此类染料多是源自印度，而今的意大利已经能够自产了。您或许已察觉"血色绯"是时下正风行的颜色：先以菘蓝染就底色，再浸染胭脂虫红，最终形成了这种凝血般的暗红色——相信我，其观感远胜其名。

色彩绝非女性专属。男女皆以身披多重颜色为荣：如果男人的斗篷为单色，那么衣服的衬里必会装饰异彩。贵妇身着的五重华服，都采取了衣襟侧开的设计，为的就是露出里面的霓裳艳色。冠带履绦也无不重彩。而中产阶层也大多违禁身穿重色，豪富之家则为了标新立异，竟然兴起了一股"拼色"的奇风——也就是男男女女身上服饰的左侧与右侧颜色各异，进而形成了四分八剖的样子，仿佛在效仿着杂耍艺人的菱格纹样。顶级的豪门更是命令仆从身穿一种"家徽三色衣"：左袖右裤一色，右袖左裤是另外的颜色，躯干则又是一种颜色。如此这般竞逐浮华，到底何时才是个头呢？

茜草

早在公元前1500年（甚或更早），埃及人便以茜草根制取红色染料，并以明矾固着于织物。此法沿用至中世纪，彼时朱砂与胭脂虫可制得更为艳丽的红色（来自维基共享资源）

诚然，佛罗伦萨首富（亦是欧洲的金融霸主）美第奇家族喜欢以黑色示人，似乎在嘲弄这些艳俗的颜色。但是千万别上当：他们身上的黑色衣服绝非修道院里那种哑黑粗麻，而是以佛兰德斯秘技染就的乌木亮黑——精选黑毛羊绒织成绸缎，再经菘蓝、茜草与明矾媒染，才能得到如此淬火精钢一般的冷冽光泽。这分明是在昭告天下：唯有他们能直接购买布鲁日的顶级布料。这是何等的嚣张啊！

也别认定这些织染师们不通实用之道。现在打开您的衣橱，或许就有当年热那亚匠人的杰作呢——以羊毛棉纱混织的坚韧布料，经明矾固色、靛蓝浸染，幻化出独特的淡青色泽。这种衣物被人们称为"Bleu de Gênes"（热那亚蓝），而世人更熟稔的是它的另一个名字：蓝色牛仔裤。

想不到吧？拜明矾所赐，其实中世纪水手早已身着牛仔裤劈波斩浪了。

分色华服为宴而生？
随着染匠创制出愈发夺目的色彩，富豪家族的男女竞相在服饰、鞋履、腰带与帽饰上炫示尽可能多的色彩。分色服装讲究左右异色，此类斑斓视效——皆因明矾贸易而得以实现（来自维基共享资源）

*

请捂住耳朵!

出于显而易见的原因,城镇居民对染坊与制革坊的恶劣环境堪称是心知肚明——他们不可能不知晓的。毕竟恶臭太过浓烈。开罗基尼扎文献库(收藏开罗犹太人生活的千年珍贵文档)中,早就记载了11世纪染匠因恶臭遭到起诉的案例。因此,如今的染匠与制革匠都聚居在城镇边缘或河畔的"准贫民窟"里,为的就是排放的毒秽不致污染主城。

但是如果您期待民众会对这些劳工有所同情的话,那么恐怕就要失望了。由于经常与恶臭和刺鼻烟雾为伍,就连同行工匠也会看不起染匠与制革匠。

为了让您理解这样的不公待遇,让我们看一个例子:在当今时代,每个行业都需要行会的庇护。这些行会掌控着成员的工作条件、薪资标准与成品定价,并维护产品质量——比如织工行会可能会严令只能使用安纳托利亚的优质明矾,禁用西班牙或北非次等货。简而言之吧,行会会为成员的利益倾力而战。但吊诡之处在于:在佛罗伦萨这样的纺织重镇(约三分之一劳动人口投身布业),既有权势滔天的织工行会,亦有富可敌国的羊毛商行会(二者财力雄厚,都拥有5层高的石砌总部)——而染匠行会呢?完全没有。可以说就从未存在过。这意味着织工与羊毛商行会一定会竭力压低保价,牺牲染匠的利益。

更有甚者,坊间还总会流传着很多关于染匠的流言蜚语:比如在他们委身的那些阴暗角落里,总有些伤风败俗之事云云。

但我要在这里奉劝诸君：对这些流言充耳不闻即可。染匠们的技艺不逊于任何其他匠人，都是经年累月训练的结果。单色染匠的学徒期就要3年，复杂色彩的染匠则需要7年之久，最终还得凭借作品样本才能通过考核。合格者还需游历各城3年，师从于不同的大师精进自己的技艺。到这时方才有资格申请成为染匠大师。考虑到当时人们的平均寿命（15世纪）仅有40岁上下，可见染匠们堪称将自己人生大半付诸学艺。他们理应获得超越这些污名的尊重。

★

上述景象在15世纪上半叶都是真实可见的。

但到了15世纪的50年代末，这一切已岌岌可危。随着土耳其与埃及明矾价格飞涨、供应锐减，热那亚的明矾贸易濒临崩溃。如果明矾贸易真的倾覆了的话，欧洲的纺织业——连同其财富、技艺与那些斑斓的色彩——都会随之崩塌。无明矾便无色可染，而一个没有颜色的世界实在难以想象。

明矾并非唯一短缺的东方商品，谷物、盐、香料与异域水果亦出现了告急，但多数还能从他国获取。唯有明矾是个例外。各方都开始竭力自救起来：热那亚重开了位于托斯卡纳的沃尔泰拉与皮翁比诺矿场，从那不勒斯湾小岛运矿；威尼斯人深入蒂罗尔山区寻找矿产；1458年西西里明矾首现热那亚市场；加泰罗尼亚人则从西班牙与北非的黎波里运矿。然而这些明矾皆属劣质品，无论是品质或是产量皆无法与东地中海的明矾媲美。

在濒临破产与失业的威胁下，1458年10月，热那亚染匠代表团向市政当局请愿，疾呼增加明矾进口。当局情急之下颁布了一道孤注一掷的法令：凡载有明矾的热那亚商船，即便是他国订的货，亦须停靠热那亚港并留下50坎塔拉的明矾。此举却彻底摧毁了客户对热那亚商人的信任，加剧其他城市的明矾短缺，更无力扭转热那亚的危机。地中海上的商船闲置了起来，押注明矾贸易的家族面临着倾家荡产的局面。

同年，一则消息引爆了热那亚的震怒：由布里斯托尔商人罗伯特·斯特米率领的3艘英国商船，在英格兰富豪资助下首次闯入了传统的意大利势力范围——地中海。这些船只在比萨卸下优质科茨沃尔德羊毛，此刻正在希俄斯岛装载明矾返回英国。自扎卡里亚家族180年前首航福西亚至南安普顿后，英格兰人正以雷霆之势抢夺着此贸易的份额。斯特米的船队载运了152吨明矾，足供英国纺织业一年所需。他要是成功了，英格兰的贸易格局将会彻底改写。

对热那亚人而言，这不仅仅是羞辱了。在本来就库存枯竭之际，此举宛如热那亚明矾霸权的丧钟。是可忍孰不可忍！加蒂卢西奥家族（莱斯博斯岛矿场的掌控者）带着一群"海盗"于马耳他海域伏击了返航的英船。这次袭击可以说是毫不留情：128名英国水手与商人丧生（包括斯特米本人），3艘船中有2艘沉没了。

热那亚宣泄了自己复仇欲望，但对英国投资者乃至整体经济的打击堪称核爆——以今日币值估算总体损失高达7.5亿英镑。英国商人要求以牙还牙，说服亨利六世囚禁了身居伦敦的全体无辜热那亚侨民。明矾的高价与稀缺，竟把两个传统友邦推向了战争边缘。

全欧洲都在祈求神迹：让我们在本土发现优质的新矿源吧，让我们遏制奥斯曼的扩张吧，让我们避免欧洲的贸易战吧，让斑斓的衣饰继续装点人间吧。

而奇迹真的会发生吗？

10 明矾、教皇与一场惊天骗局

奇迹降临了。

1460年，全新的明矾矿源横空出世。其发现过程也堪称神迹：这个新矿脉不仅位于西欧，更在意大利境内。不单是在意大利，更处于教皇国的腹地（位于教皇直辖的意大利中部的广袤疆域）；而且不仅属教皇国，更是在距罗马城仅60公里的托尔法镇。此矿的品质绝佳，储量也堪称惊世骇俗——1462至1796年间，托尔法将会开采出1700万吨明矾，令福西亚的矿藏相形见绌。更令人称奇的是，这个发现恰恰发生在君士坦丁堡陷落的十年之内！另外最富戏剧性的是，其发现者乔瓦尼·迪·卡斯特罗竟与新任教皇庇护二世[①]有着亲戚关系——好像他正是教皇的教子。这些细节已经不重要了，世人只铭记最关键的一点即可：曾经为东正教君士坦丁堡与穆斯林奥斯曼创造过巨大财富的明矾，如今已经尽归罗马囊中。

[①] 庇护二世（1405年10月18日—1464年8月14日或15日），意大利籍教皇（1458—1464年在位）。原名艾伊尼阿斯·西尔维乌斯·比科罗米尼。——译者注

教皇庇护二世

教皇欣喜于罗马近郊托尔法发现巨型明矾矿藏。理论上，明矾销售收入应用于资助收复君士坦丁堡的军事行动，然庇护挪用部分资金改建故乡，并将其更名为"皮恩扎"以自我致敬（来自维基共享资源）

卡斯特罗在1453年逃离君士坦丁堡前就曾经营过染坊，所以深谙明矾之道。据传，他于1459年或是1460年在罗马西北山区勘探时，发现了一种土耳其明矾矿附近才特有的野草。好奇之下拾石舔舐，尝到了一股咸味，旋即狂奔而去，禀告教皇：这地方必有明矾矿石！

人们也许应该对这个说法抱有一些怀疑吧。教皇庇护二世起初也持怀疑态度，令热那亚与威尼斯那些经验丰富的染匠前去化验矿石。而这些匠人的回报令他大吃一惊：这里确有明矾石，而且纯度极高！罗马顿时全城欢腾，民众纷纷跪谢这份天赐厚礼。明矾短缺危机就这么迎刃而解了，依赖穆斯林矿源的时代终于宣告终结了。此后的300年，托尔法明矾将填满万艘巨轮货舱，无尽财源也将会汇入教廷的金库。

大规模开采即刻启动了。发现矿脉的弗兰吉帕尼家族获得了巨额补偿，工人宿舍拔地而起，奇维塔韦基亚港口扩建以应对明矾出口业务，从港口至矿场的新路也铺设完成，专为矿工建造的小教堂则负责抚慰他们的灵魂。托尔法广袤森林的木材被征为冶炼燃料——全面投产后，矿场每年需要消耗 3 万立方米的木材才能维持炉火不熄。这项浩大工程由宗座财产管理局（教皇辖下机构，负责管理租金、遗赠、赎罪券销售、修道院产业等收入）统筹安排。该局每年经手的资金超过了欧洲任何一个政府（君士坦丁堡的奥斯曼帝国除外），深谙巨额收益运作之道。1463 年，第一艘满载托尔法明矾的船只驶往了佛兰德斯与英格兰。

托尔法矿打一开始便被宣扬为十字军东征式的反奥斯曼

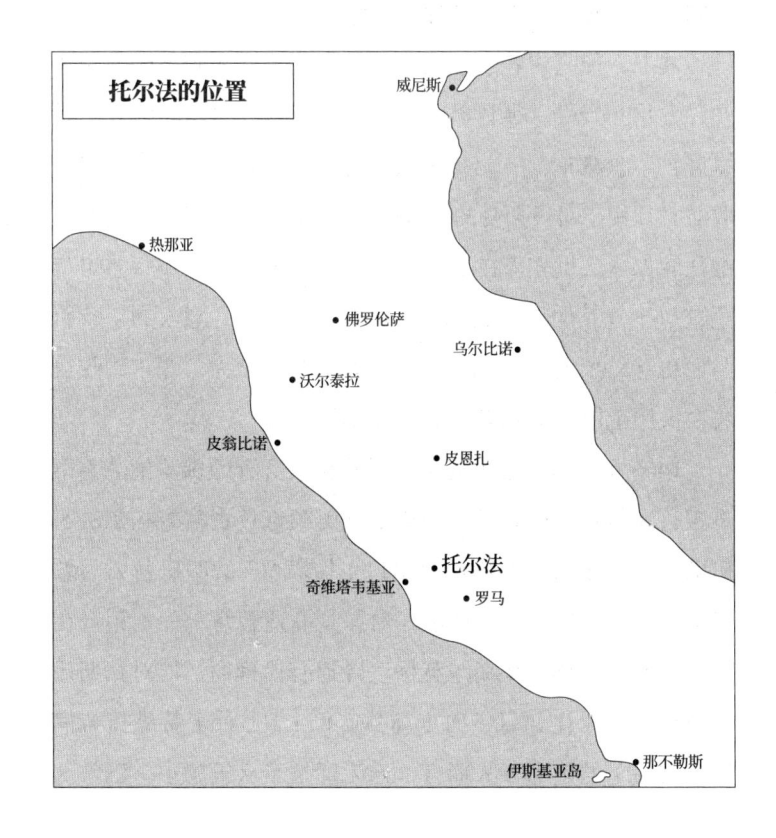

托尔法的位置

- 威尼斯
- 热那亚
- 佛罗伦萨
- 乌尔比诺
- 沃尔泰拉
- 皮翁比诺
- 皮恩扎
- **托尔法**
- 奇维塔韦基亚
- 罗马
- 伊斯基亚岛
- 那不勒斯

工程。"今日我为陛下带来了战胜土耳其人的利器，"乔瓦尼·迪卡斯特罗在初献明矾石时这么对庇护二世说道，"若冕下命人建炉冶炼，即可为全欧供给明矾，断尽突厥财源……而冕下则可备战征讨。"

教廷则采取了双管齐下的战略：

其一，通过终止土耳其明矾贸易重创奥斯曼财政。1463年，庇护二世将世俗利益与宗教权威巧妙捆绑在了一起，颁布敕令禁止基督徒商人进口土耳其明矾，违者处以绝罚——逐出教会、不得婚配、临终不得行终傅礼，灵魂永堕地狱。托尔法明矾则被赋予了相对应的神圣使命。

其二，便是将托尔法明矾的销售收入存入梵蒂冈专用账户，专用于资助"征讨君士坦丁堡苏丹的圣战"。1464年教皇庇护二世驾崩后，枢机主教团首日会议即确认所有托尔法收益必须用于对奥斯曼的作战，次日才着手进行新教皇选举。继任者保罗二世教皇在1465年濯足节的布道中，不仅重申禁止进口土耳其明矾，更将禁令扩展到了北非、意大利、希腊与西班牙等所有非托尔法矿源。此举被美化为"托尔法收益将会被用于捍卫全欧基督徒利益的圣战"。

1466年，保罗二世还引入了欧洲最富有的佛罗伦萨美第奇银行家族参与管理这座明矾矿。美第奇负责监管托尔法明矾的生产、定价，并确保每出口1坎塔罗[①]的明矾就要为教皇提成2杜卡特金币。此项任命深具商业智慧——美第奇在两大明矾市场佛兰德斯与英格兰皆拥有代理商。但对长期违抗教皇禁令（比如每年向土耳其支付1.2万杜卡特维持希俄斯岛贸易）的热那亚人而言，这无疑是当众被扇了一巴掌。

托尔法让教皇掌握了绝对的话语权，1471年美第奇合约又往后延期了四年。[2]

而这项反奥斯曼战略是否包含了第三维度——也就是驱使穆斯林奴隶在教皇的矿场劳作呢？这是极有可能的。据史料记载，曾有穆斯林奴隶参与了罗马公共工程，后期也的确在托尔法矿场遭受过剥削。但我无法确定这种做法始于何时。

至此当世已知最大明矾矿藏此时尽归教廷掌控，外加欧洲最强银行家族执掌矿场运营，辅之以全欧的销售垄断权——罗马的"圣战基金"即将腾飞了。基督教的西方世界终于有望收复东方失地，重夺基督教王国沦丧的疆土了。

售火爆，财富如潮水一般涌入⋯⋯⋯⋯⋯⋯谓"圣战"却从未打响过。

⋯⋯然只是在用口头支持对抗奥斯曼的战争以标榜⋯⋯，内心深处却早已对无谓征伐意兴阑珊了。民众亦是如此——对教会的盲目信仰开始消退，更不愿为这种虚妄的战事耗尽自己的身家。即便教皇们不断高呼"圣战"口号，

---

[1] 坎塔罗是西班牙语中一种传统的容量单位，主要用于液体或散装物质的测量。它的具体定义因地区和历史时期而异，大约等于16升。——译者注

[2] 1476年，厌恶美第奇家族的教皇西克斯图斯四世从该家族手中收回托尔法明矾开采权，转而授予其竞争对手的齐家族。在随后的权力洗牌中，这项关乎欧洲纺织业命脉的特许经营权最终落入热那亚财团之手——这意味着亚平宁半岛的明矾霸权历经半个世纪后，终究重新回到了热那亚人手中。

也难以抗拒将这笔意外横财投入和平建设的诱惑：庇护二世就曾以文艺复兴的风格重建了故乡科西尼亚诺，更名"皮恩扎"以自我纪念；保罗二世则背弃了"专款专用"的承诺，将财富挥霍于艺术收藏品；其继任者西斯都四世则豪掷了10万杜卡特购置宝石皇冠。

于是，每当威尼斯、弗拉德大公统治下的瓦拉几亚或斯坎德培[①]统治下的阿尔巴尼亚等地方势力与奥斯曼人因历史遗留问题发生争端，教皇便将其渲染为"基督教反攻异教徒的曙光"。实则这些局部冲突与"圣战"毫无关系，但教廷也乐得借题发挥。

然而，无论是否真的会有那么一场"圣战"，教皇却始终坚持全欧明矾销售的垄断——尽管教会法本身就反对垄断。此举引发了西班牙卡斯蒂利亚与阿拉贡矿主、托斯卡纳矿场、那不勒斯湾岛屿矿脉、威尼斯克里特与福西亚矿场，以及北非明矾贸易商的集体抵制。美第奇家族与梵蒂冈方面不得不承认：现在仅靠禁令已经无法维系垄断了，必须因地施策。

对弱势竞争者，他们选择了武力清除。1472年，美第奇掌控的佛罗伦萨无端血洗半自治城邦沃尔泰拉：围城劫掠，屠杀强奸，只为关闭里面一座微不足道的明矾矿场。这场暴行与沃尔泰拉矿场的实际威胁（年产量尚不足撼动托尔法分毫）完全不成比例，却昭示着教廷与美第奇家族为垄断不惜染血的决心。是的，托尔法明矾就是如此重要——重要到足以让神圣的教皇冠冕沾上同胞的血污。

阿尼亚诺与伊斯基亚岛（均属那不勒斯领地）的明矾矿则是另一番局面。那不勒斯是阿拉贡国王的附庸，而阿拉贡[②]

在意大利与教皇国存在着激烈竞争，动武绝非上策。于是教廷便提出了一份互利协议：双方瓜分欧洲明矾市场。罗马与那不勒斯可协定联合产量目标、统一定价，并互派监察员监督履约。两国将联手打击任何运输非托尔法或那不勒斯明矾的船只，违者以异端论处——只因其违抗了教皇的禁令——船员则格杀勿论。急需资金镇压国内叛乱的阿拉贡胡安二世③于1470年签订这份条约，协议的有效期为25年。

但这种通过操纵市场维持高价的经典卡特尔联盟④，远没有撑到25年。美第奇家族很快便发现那不勒斯明矾的产量微乎其微且品质低劣，对托尔法本就毫无威胁。教皇保罗二世在协议生效仅一年后便将其撕毁了。此举亦是对阿拉贡傲慢的继承人费迪南德的一种"甜蜜"的报复——此人在前年迎娶卡斯蒂利亚的伊莎贝拉时，不仅未获教皇特赦（因娶二表妹需要教廷豁免），竟然还伪造赦令，当时就已经激怒了教廷。

---

① 斯坎德培是阿尔巴尼亚历史上最重要的历史人物之一。他曾在奥斯曼帝国作为人质被抚养长大，并成为他们最伟大的军事指挥官之一。1443年，他背叛了帝国，并以一个自豪的阿尔巴尼亚人的身份重新与他们作战。在这个过程中，他也成为了伊斯兰教和基督教之间，持续冲突的象征，教皇甚至称他为"基督斗士"。——译者注
② 阿拉贡王国是1035年至1707年时伊比利亚半岛东北部阿拉贡地区的封建王国。因阿拉贡河而得名。——译者注
③ 胡安二世（1398—1479年），纳瓦拉国王（1425—1479年在位）和阿拉贡国王（1458—1479年在位），是阿拉贡国王费尔南多一世的次子，"宽宏的阿方索五世"之弟。——译者注
④ 卡特尔又称垄断利益集团、垄断联盟、企业联合、同业联盟，是垄断组织形式之一，是为了垄断市场从而获取高额利润，生产或销售某一同类商品的厂商通过在商品价格、产量和市场份额分配等方面达成协定从而形成的垄断性组织和关系。——译者注

然而教皇的怒火放错了地方。托尔法真正的威胁并非阿拉贡的那不勒斯矿场，而是1462年（与托尔法同年）发现的卡斯蒂利亚马萨龙大矿——该矿注定会成为欧洲明矾的第二大产区。当地明矾储量惊人，开采权则掌握在卡斯蒂利亚王室手中。当阿拉贡与卡斯蒂利亚通过联姻结成"天主教双王"联盟，一个足以撼动教皇明矾霸权的庞然大物正在伊比利亚半岛崛起。

*

除了这些竞争对手的明矾生产，教廷还面临着奥斯曼土耳其走私贸易的挑战——而这恰恰是教皇与美第奇家族作茧自缚的产物。垄断本意是为了哄抬价格：至1466年，托尔法明矾单价已涨至每坎塔拉3.25杜卡特。但价格越高，商人染匠们越会铤而走险去购买廉价的奥斯曼明矾，哪怕灵魂永堕地狱也在所不惜。于是特拉布宗、希俄斯与福西亚的"非法"明矾便通过走私大量涌入布鲁日等市场，暗流汹涌。

缺乏海上缉私舰队的罗马方面，转而以金钱诱使欧洲君主镇压各国境内的"非法"明矾交易。1467年，教廷向英格兰爱德华四世提议：若他能取缔土耳其廉价明矾贸易，便可获得英国境内托尔法明矾销售的分成。深陷玫瑰战争的爱德华虽然垂涎这笔横财，却终因忌惮本国毛纺商人的怒火（禁用廉价明矾将致成本飙升）而忍痛回绝了。

教廷在佛兰德斯则要稍微幸运一些。勃艮第公爵"大胆查理"[①]亟需教皇特许迎娶四表妹（爱德华四世之妹——约克的玛格丽特），外加又欠着美第奇家族驻布鲁日代理托马索·波提纳里的巨额债务。1468年，当波提纳里暗示"禁售非托尔法明矾可以获得特许令与债务豁免"时，查理欣然签约，协议有效期为12年。

然而这个十二年之约也终成了笑谈。协议曝光后，布鲁日、伊珀尔与根特的染匠布商们涌上街头，嘲讽罗马"托尔法明矾将低于邻国售价"的承诺。当商人发现协议竟然禁止抛售既有库存时，抗议的浪潮变得更甚了。实际上，他们一直在通过黑市秘密清仓。精明的托马索·波提纳里自己甚至都去低价收购那些"非法"库存，然后再贴上托尔法的标签高价转售。

街头的怒火与叛乱低语迫使查理拖延履约18个月。1473年，当佛兰德斯议会承诺承担其6年军费（削弱对美第奇家族的依赖）后，公爵立即撕毁了与罗马的协议，重新允许所有的"基督教"明矾进口。这位权术大师早已算尽了机关：1468年如愿迎娶了玛格丽特，却让佛兰德斯子民为他的军队买了单。看来深谙"明矾牌"玩法的可不止教廷与美第奇家族一家。

罗马那边到这时方才领悟：绝对垄断明矾的销售是难以实现的，适度灵活反会更奏效。在1469年与威尼斯的谈判因每坎塔拉3杜卡特的定价过高而破裂后，教廷主动将报价降

---

① 大胆查理（1433年11月10日—1477年1月5日），是瓦卢瓦王朝的勃艮第公爵，也可译作"莽撞查理""勇士夏尔"，以评价他在1477年鲁莽战死的遗憾。大胆查理是勃艮第公爵"好人菲利普三世"与葡萄牙的伊莎贝尔之子，1433年生于勃艮第公国首都第戎。1467年人胆查理的父亲好人菲利普三世过世后，大胆查理继承勃艮第公爵爵位。——译者注

至2.2杜卡特，最终达成了协议。而更为重要的是，因为协议仅限陆路贸易，所以这等于梵蒂冈对克里特与土耳其的海路走私选择了默许的态度。看来罗马方面已然参透了一个道理：向威尼斯高价售矾的同时，适度容忍"非法"进口，其实不失为一个两全之策。

这种微妙的平衡术成为了教廷的最终选择。托尔法矿藏储量之巨、品质之优，注定将主导欧洲市场——无论是否维持垄断地位。因此，只要卡斯蒂利亚马萨龙矿场的产量不太过分，土耳其与埃及走私规模也能做到可控，罗马就皆可容忍。

1480年，一艘威尼斯商船公然无视教皇西斯都四世的禁令，于福西亚装载明矾。尽管教皇威胁将此类贸易商视为异端并施以绝罚，但热那亚人依旧持续进口土耳其明矾。此类小规模的走私对明矾高价其实并不会造成什么冲击：偶尔会有两艘船同时抵达港口，可能会导致局部价格骤跌，或是风暴、海盗致货物沉没引发暂时性涨价（比如1464年3月820坎塔拉明矾随船沉没，同年10月布洛涅海域的船难，1465年春季托尔法明矾因风暴延迟至秋季抵达佛兰德斯）。但总体而言，托尔法明矾的价格始终保持着坚挺。

*

时间来到了1486年。这一年，一桩规模空前的明矾走私阴谋浮出了水面，其背后黑手显然得到了最高权力者的默许——核心人物竟是英格兰国王亨利七世[①]。

事件始于一起离奇的西班牙商船劫持案。1486年，旅居英格兰的热那亚人乔瓦尼·达·内格罗尼获悉,一艘载有托斯卡纳皮翁比诺港明矾(非托尔法产)的商船正驶往佛兰德斯。于是他雇佣了一批暴徒强行登上了船,将其劫持到了英格兰。待船抵港后,内格罗尼宣称船上的明矾"非法"(因违抗教皇西斯都四世禁令),应当直接运往罗马——当然,这位"虔诚的基督徒"需要从中抽成。

真是荒谬!这时有一名神秘的佛罗伦萨商人突然面见国王抗辩。此人深谙英格兰法律,坚称"教皇禁令在英格兰是无效的",并指控内格罗尼杀害了西班牙船员(西班牙系英格兰的盟邦),犯下"弑杀王权盟友"之罪。

你才荒谬!内格罗尼反唇相讥:依教皇敕令,走私者皆属异端,而为异端辩护的佛罗伦萨商人自身亦成异端,其法庭证词当属无效。

亨利七世则"英明"地将案件移交给了法庭处理。法官则判决内格罗尼败诉,此举激怒了当时的教皇英诺森八世。教皇提醒亨利国王:去年他篡位时曾宣誓效忠教廷,现在到了需要你践行诺言干预此案的时候了。亨利则以都铎式的谦卑回应道:身为国王不可干涉司法,尤其自己作为"新君"更需谨守本分。

这场闹剧背后其实暗流汹涌:这位所谓"无名佛罗伦萨商人",实则为佛罗伦萨弗雷斯科巴尔迪银行代理、亨利的

---

① 亨利七世(1457年1月28日—1509年4月21日),本名亨利·都铎,是都铎王朝的首位英格兰国王(1485年8月22日—1509年4月21日在位)。1485年8月,亨利·都铎在博斯沃思战役打败理查三世,随即称王即位,建立都铎王朝,史称亨利七世。统治英格兰王国及其属土周围地区。亨利七世任内奖励工商业发展,有贤王之称。——译者注

御用银行家卢多维科·德拉法瓦（又或是其雇用的代言人）。内格罗尼脑子一热去劫船也许也是中了别人精心设计的圈套——因为这绝非孤立事件，而是一个庞大走私网的冰山一角。法庭亦非亨利所宣称的"独立"：国王默许廉价"非法"明矾入境的目的就是提振本国的纺织业，甚至还对走私品征收关税以中饱私囊。1487年4月，威尼斯商船载着明矾从希俄斯岛驶向佛兰德斯与英格兰的纪录，更印证了走私并没有因本案而终止。

但这仅仅是开始。在1503年尤利乌斯二世继任教皇后，明矾价格发生了暴涨，走私网络也随之开始疯狂扩张。到了1504年的时候，英格兰的明矾价格只这一年就飙升了60%，荷兰每一载（188公斤）明矾价格从1501年的42先令飙至120先令。经济衰退与民怨沸腾席卷了布鲁日与安特卫普的街头，新上任的统治者哈布斯堡家族（接替勃艮第）担心会出现叛乱。而德拉法瓦则将此视为了一个绝佳的商机，便向亨利献了一计……

这项被称为《弗雷斯科巴尔迪协议》（以涉事意大利银行命名）的计划简明扼要：佛兰德斯哈布斯堡的统治者惧怕明矾天价会引发暴动，却因为需要教皇支持其加冕神圣罗马皇帝而不敢直接从土耳其进口明矾。据德拉法瓦的佛兰德斯线报，哈布斯堡愿对"经英格兰转口并伪装成基督教明矾"的土耳其走私货睁一只眼闭一只眼。若亨利此时能扩大走私规模，佛兰德斯染匠便能得到廉价的明矾，而哈布斯堡则欠下了维稳的人情，亨利则可以通过进口关税、转售差价与出口关税三重吸血而一夜暴富。

这个计划要想实现需更大的运力，于是亨利从默许走私升级为了直接提供船只。德拉法瓦向国王保证：只需将2艘英舰租给佛罗伦萨弗雷斯科巴尔迪银行，挂公司旗运载明矾，王室便可置身事外。当然，租船费又是一笔横财。

精于算计的亨利七世（史上罕有的亲自管账的君主）深谙"金钱即王权"之道，欣然入局。千吨位的摄政号与800吨位的主权号（自罗伯特·斯特米远征后首抵希俄斯岛的英国船只）满载着土耳其明矾返航了——部分供应英格兰的染坊，更多的则直接转口佛兰德斯、法兰西与西班牙。这个走私网络的运转可称高效，明矾价格顿时从每载120先令暴跌至40至60先令，各方皆大欢喜。

当然，只有罗马教廷怒不可遏——托尔法明矾的利润出现了骤减。至1506年，尤利乌斯二世动用了最新的印刷术广发禁令（欧洲首部印刷版法令），严查非托尔法明矾的进口，并剑指走私黑手：直接点名主权号的船员尼古拉斯·沃林与卢多维科·德拉法瓦本人。

然而一切都是徒劳。走私依旧猖獗。1506年12月，尤利乌斯二世命驻英格兰的教廷大使彼得罗·格里福直接找亨利问责。亨利表面恭听训诫，内心却波澜不惊——他心知肚明（而教皇却并不知晓）这位大使本人正是明矾走私网的抽成者之一。亨利再次致信教皇，以传统的方式表忠：敦促发起新的十字军东征，甚至（虚情假意地）承诺提供兵力与资金。

而且亨利始终在狡猾地维持着托尔法明矾的"合法"进口，以制造英格兰仍在依赖教廷矿源的假象。他甚至还处罚了一批走私非托尔法明矾的商人（当然，王室自己的走私犯

143

除外！）。这种态度既可彰显他致力于"维护托尔法利益"，又能中饱罚款和走私的暴利。

这场骗局所涉金额之巨令人咋舌：每坎塔拉明矾征收13先令4便士的关税，单次13000坎塔拉的船货就能让亨利净赚8666英镑关税。而一次走私交易获利则要超15000英镑，更成为其执政期间最大单笔商业收入。惊人的数字揭示：英格兰向低地国家出口的明矾规模已逆转了历史流向，甚至有学者称明矾走私已成为"除税收外英格兰的最主要财源"。

《弗雷斯科巴尔迪协议》的影响是深远的：在佛兰德斯化解了政治危机，稳固了哈布斯堡的统治；在英格兰，纺织业则因廉价土耳其明矾受益，亨利治下的布匹出口量激增了61%就是明证；而玫瑰战争后濒临破产的英格兰经济也得以借此重振。

更重要的是，这笔明矾的灰色收入强化了亨利七世的个人集权。他在位期间仅召开过七次议会，得以肆意施展权术：用明矾财富贿赂欧洲君主，粉碎王位觊觎者（如兰伯特·西姆内尔、珀金·沃贝克等人）。1502年还以1万英镑的"甜头"说服哈布斯堡皇帝马克西米利安停止支持叛乱；1505年又豪掷10.8万英镑（相当于其年收入）换取法王路易十二的类似承诺；以13.8万英镑"借款"迫使勃艮第的菲利普（马克西米利安继任者）交出王位竞争者埃德蒙·德拉波尔。若无明矾走私而得的滚滚财源，这般天文数字的贿金绝无可能。

《弗雷斯科巴尔迪协议》由此奠定了都铎王朝的统治根基。当红衣主教沃尔西终止该计划时，亨利七世之子亨利八世已牢牢掌控了英格兰。

*

而明矾也彻底改变了梵蒂冈与教皇制度。

在1462年之前，教廷长期处于濒临破产状态，教皇因财政不得不仰赖欧洲君主的施舍而难以施展宏图。托尔法明矾一举扭转了乾坤：教皇得以用华美的建筑装点罗马，以艺术珍品充盈宫殿，其奢靡仪式可以媲美欧洲任何宫廷，并得以在意大利推行更强硬的政策。

有数据为证：1473年（托尔法明矾首航10年后），在教廷年收入的30万弗罗林[①]中，明矾贡献了10万，占比三分之一。教皇西斯都四世更以托尔法矿场为抵押，向美第奇银行借款62918弗罗林。诚如学者所言："明矾垄断对教廷的价值，无论如何高估都不为过。"[②]

这还仅仅只是个开端。随着年产量从1466至1479年的900余吨，跃升至15世纪末的近1300吨，16世纪中叶更是达到了1800吨，教皇收入也随之水涨船高。[③] 西斯都四世在

[①] 弗罗林金币被称为"基督教的第一枚金币"，首次发行于1252年，钱币正面是代表着其发行城市佛罗伦萨的鸢尾花饰，背面则为施洗约翰像。每一枚弗罗林金币都含有54格令的纯金，大约相当于3.5克纯金，因此迅速成为硬通货，流通于整个欧洲。——译者注

[②] 埃克隆德研究团队估算，1473年教廷从明矾特许权中获得的收入达10万弗罗林。他们引述路德维希·冯·帕斯托在《教皇史》第三卷中记载的数据，显示该年度教廷财政总收入为30万弗罗林（即明矾收入占教廷岁入的三分之一）。

[③] 由此带来的连锁反应是，明矾生产过程中需要消耗约3万立方米木材作为燃料。这个数字相当于砍伐400公顷成熟橡树林的储量，按中世纪运输标准计算，这些木材需要2000辆牛车才能完成运输，足见当时化学工业生产对生态环境造成的巨量资源消耗。

15世纪70、80年代能做到年入29万杜卡特。而40年后，利奥十世则年入42万杜卡特，增幅45%。另有估算显示，1480至1599年间教廷的收入增长了三四倍之多。

当然，明矾并非教廷的唯一财源——教皇还垄断了盐业销售、发放谷物出口许可等。但明矾对财政的提振堪称是革命性的，为15至16世纪初的教皇提供了整顿财政的良机。

教皇利奥十世
明矾为教廷带来巨额收入，亦诱使教皇挥霍无度。当利奥发动对乌尔比诺公国的灾难性战争耗尽明矾收益后，他不得不重启赎罪券贩卖（来自维基共享资源）

然而他们却并未把握住这一机会。

突如其来的巨额财富令人难以自持：收入增长催生了支出膨胀。这个时期的教皇将梵蒂冈打造成了文艺复兴的宫殿，如王公般挥霍无度。他们收藏艺术瑰宝，委任拉斐尔、布拉曼特、米开朗基罗等大师装点今日我们仰望的教堂与宫殿。西斯廷教堂壁画正是于此时期绘就，圣彼得大教堂也拔地而起，而更晦暗的是——教皇们发动了战争。正如查尔斯·斯廷格在《罗马的文艺复兴》中所写的那样："罗马教廷最大的开支莫过于教皇的战争与圣座的排场。"在15世纪的大部分时间里，教皇资助军队、贿赂盟国参与意大利战事。尤利乌斯二世甚至在 1511 年亲率军队围攻米兰多拉[①]，企图将法军逐出波河河谷。

罗马城中唯有一人的奢靡堪与教皇比肩，那就是托尔法矿场的新任经理、锡耶纳商业巨擘阿戈斯蒂诺·基吉。1500 年，他斥巨资向教廷购得了 12 年的经营权，然后凭借托尔法带来的收益成为了罗马首富（年入约 7 万杜卡特），一举跻身欧洲顶级富豪之列。基吉一手打造了银行帝国与罗马最奢华的文艺复兴别墅，单场宴会的耗资就曾高达 2000 杜卡特。在 1520 年去世时，这位明矾大亨据传手底下有 2 万人，拥有百艘商船，遗产价值 80 万杜卡特。其陵墓所在的教堂是由拉斐尔亲自设计的。[②]

然而基吉虽挥金如土，却仍是一名精明的商人，深谙量入为出之道。反观那些教皇——对财政懵懂无知，对教廷账户糊里糊涂，全然不知货币日益重要的地位。

阿戈斯蒂诺·基吉

阿戈斯蒂诺·基吉凭借一份为期12年的托尔法明矾矿运营合同，成为当时最富有的人物之一，并以举办奢华宴会著称。然而与诸位教皇不同，他始终确保自己能做到收支平衡（来自维基共享资源）

[①] 米兰多拉位于意大利的艾米利亚-罗马涅大区，以其丰富的历史和文化而闻名，拥有许多古老的建筑和历史遗迹。曾是米兰多拉伯爵的领地，历史上曾是重要的政治和文化中心。——译者注
[②] 这座别墅正是罗马的法尔内西纳别墅，而基吉礼拜堂则位于人民圣母教堂之内。

托尔法带来的奇迹横财本可清偿教廷债务，却最终沦为满足教皇挥霍欲望的饕餮盛宴，最终酿成了致命的苦果。

*

托尔法明矾所创造的财富不仅数额惊人，更因其"清白"的属性而意义非凡——这与教廷其他收入来源的腐败底色形成了鲜明的对比。

就以"官职售卖"为例：富裕的教士通过巨额献金换取罗马教廷要职，主教们更需慷慨解囊方能晋升枢机之位。这种制度自然会沦为缺钱教皇的敛财工具——利奥十世在位8年之间竟然任命了31位枢机主教，便是明证。

更甚者当属赎罪券交易。信徒向来可为祈祷仪式付费，但此时的教廷变本加厉起来：开始兜售起"赦免罪孽""缩短炼狱刑期"的承诺。15世纪初，这种道德可疑的勾当在意大利快速蔓延开来，原本可能直接摧毁教皇的道德权威。但随着1462年托尔法明矾的横空出世，教廷暂缓了对这种肮脏收入的依赖。

而到了40年后，教廷开支再度失控。利奥十世虽坐拥42万杜卡特年收入（远超前任），却也难抵60万杜卡特的年支出。到了1515年，连罗马仅有的88位教授的薪资都遭到了拖欠，教皇却仍在醉生梦死。1517年，利奥十世更是发动了毁灭性的针对乌尔比诺①的战争——据同时代史家弗朗切斯科·圭恰迪尼估算，光是此一役便耗资了80万杜卡特。

即便托尔法明矾的惊人收益也填补不了这般挥霍的财政

窟窿。教廷被迫重拾赎罪券与卖官鬻爵旧业：前任西斯都四世年入4万杜卡特便能维持教廷运转，而到了1517年的利奥十世竟需借此敛财14.4万杜卡特才行。更何况意大利本土已经没有什么油水可榨了，教皇只得授权在德意志地区兜售赎罪券——这场饮鸩止渴的闹剧，最终引爆了宗教改革，彻底摧毁了天主教在北欧的道德权威。

明矾的作用由此显现出了双重性：一方面，巨额的收益延缓了教廷腐败制度的全面溃烂，维系了天主教会的表面荣光；另一方面，财富滋养的奢靡之风与穷兵黩武，终究暴露了圣座的道德破产。

*

1517年，就在利奥十世发动乌尔比诺战争的同一年，马丁·路德写下了《九十五条论纲》[2]，正式拉开了宗教改革的序幕。让路德愤而行动的，是他在听闻多明我会修士约翰内斯·特策尔兜售赎罪券时的骇然发现——此人竟然宣称"无论罪孽、恶行与放纵是何等的深重"，只要付钱便可获得上

---

[1] 乌尔比诺是意大利马尔凯大区佩萨罗和乌尔比诺省的一座小山城。城市位于佩萨罗西南方的马奇位，坐落在一个倾斜的山坡上。15世纪经历了惊人的文化繁盛期，吸引了整个意大利以及其他地区的艺术家和学者，其文化的发展影响到欧洲的每一角落。16世纪以后，其经济和文化发展进入萧条阶段，是拉斐尔的故乡。——译者注
[2] 《九十五条论纲》原名《关于赎罪券效能的辩论》，是马丁·路德于1517年10月31日张贴在德国维滕贝格诸圣堂大门上的辩论提纲，被认为是基督新教的宗教改革运动的开端。路德提出，教皇没有免除人的罪恶的权力，因此赎罪券可以免罪的说法是错误的。——译者注

帝的宽恕。正如金妮·贾斯蒂斯所言，特策尔想要传递的信息再明确不过了："人几乎可为所欲为，赎罪券自会代偿他们的罪罚。"

为什么说是几乎呢？因为仍有极少数罪孽被视为滔天的恶行，即便倾尽金银亦不得赦免。而在这寥寥不可赦之罪中，竟然赫然列着"交易非托尔法的明矾"——此罪就连特策尔手中的赎罪券也无能为力。

托尔法明矾之重要竟至于此！

11 明矾与流亡大亨

1566年9月，塞利姆二世在继承了其父苏莱曼大帝①的奥斯曼苏丹大位后，率先颁布的举措之一便是将帝国的要职赏赐给那些支持者以巩固权力。此举虽然还算符合常规，但对塞利姆本人而言尤为必要——毕竟他的登基之路之上洒满了他的两位兄弟的鲜血。

熟谙土耳其明矾矿史的人不会感到惊讶：在新苏丹赏赐的肥缺中，就包

苏丹塞利姆二世

当西班牙驱逐犹太公民时，塞利姆让伊斯坦布尔成为了犹太人的安全避难所。犹太企业家约瑟夫·纳西经营福西亚矿场，所产明矾不仅供奥斯曼帝国自用，更无视教皇禁令，经由威尼斯出口欧洲（来自维基共享资源）

---

① 苏莱曼一世（1494年11月6日—1566年9月7日），奥斯曼帝国第10位苏丹，也是在位时间最长的苏丹（1520—1566年在位），兼任伊斯兰教最高精神领袖哈里发之职。苏莱曼一世是16世纪奥斯曼帝国的一位杰出君主。在他的统治下，奥斯曼帝国在政治、经济、军事和文化等诸多方面都进入极盛时期。——译者注

含了被奥斯曼人称为"福恰"的福西亚明矾矿的承包权。

然而令人惊异的是，福恰明矾矿的共同承租人竟然是两位犹太人。其中一位名为约瑟夫·纳西的犹太人，更是塞利姆苏丹的密友与心腹谋臣。而诡异之处在于：这位约瑟夫并非成长于土耳其，而是在西班牙度过了自己的青年时代，而且当时他的名字也并非约瑟夫·纳西，而是胡安·米克斯。

这究竟是怎么回事呢？

*

这个传奇故事始于1478年。当时，阿拉贡王国的斐迪南与卡斯蒂利亚王国①的伊莎贝拉这对"天主教双王"背弃了自己的臣民，将宗教裁判所引入西班牙实施迫害。②即便那些家族世代以西班牙为家，仍有数万人仅只因信仰便遭到审讯、囚禁、酷刑乃至处决。

1492年，这场暴政达到了顶峰：所有的犹太公民除非改变信仰，否则就会被驱逐出境。③成千上万的人流亡异乡，导致西班牙人才大规模流失。留下来的人则被迫改换"基督教"名字，虽然他们表面皈依，但暗中仍坚守信仰。这些被称为"新基督徒"，或贬称为马拉诺——意为"猪猡"——的人，终日活在宗教裁判所的告密阴影之下。

约瑟夫·纳西正是在1524年降生于这样一个家族。其父被改姓为"米卡斯"（亦拼作"米克斯"或"米格斯"），在约瑟夫周岁的时候就去世了。于是男孩由住在西班牙的叔父"弗朗切斯科"与婶婶"比阿特丽斯"（他们有一个女儿"蕾娜")抚养,家里还有另一个叔父"迭戈"与婶婶"布兰达"。整个家族改姓"门德斯"(亦作"门德兹")。讽刺的是,就连耶稣的养父约瑟这个名字也被裁判所视为不够"基督教",所以这个男孩在西班牙被叫作"胡安",在葡萄牙则是"若昂"。在这个令人眼花缭乱的改名游戏中,记住自己的每个代号对躲避宗教裁判所至关重要。

"弗朗切斯科"与"迭戈"都是欧洲顶级的银行家,为豪门望族提供贷款。然而拥有即便如此显赫的身世,也难逃宗教裁判所的魔爪。两大家族先是迁往了葡萄牙,后移居西属佛兰德斯的安特卫普。每次迁徙,他们都通过国际银行网络确保了自己的财富万无一失。

在"弗朗切斯科"与"迭戈"叔父客死安特卫普后,婶婶"比阿特丽斯"执掌了银行业务,直至宗教裁判所追了过来。于是她带着女儿"蕾娜"和姐姐"布兰达"逃往了威尼斯,留下21岁的"胡安"只身打理安特卫普的事务。而这位年轻人则巧妙将家族财富转移到了威尼斯——此举绝非易事,因为家族里的3位女性已经违反了"新基督徒"的旅行禁令,而西班牙皇帝查理五世正虎视眈眈欲吞并门德斯的家产。胡安将15万杜卡特的巨款借予了法王亨利二世,约定还款的时候把钱还到威尼斯的"门德斯"银行,这才让资金得以安然

---

① 卡斯蒂利亚王国(1035—1837年),伊比利亚半岛中部卡斯蒂利亚地区封建王国。由西班牙西北部的老卡斯蒂利亚和中部的新卡斯蒂利亚组成。它逐渐和周边王国融合,形成了西班牙王国。西班牙的君主就是从卡斯蒂利亚王国一脉相传。——译者注
② 于1478年传入卡斯蒂利亚,随后扩展至阿拉贡和葡萄牙。
③ 1609年,西班牙全境的穆斯林也遭到了系统性驱逐。

转移。随后，胡安也追随着亲眷奔赴水城威尼斯。

然而，威尼斯很快就变得和里斯本、安特卫普一样危险了。1549年，"比阿特丽斯"被捕并被正式宣布为犹太人。这使整个家族陷入了危境，于是"胡安""蕾娜"与"布兰达"逃往了费拉拉公国①，而法王亨利二世则以"不知借款对象为犹太银行"为借口停止了还款。

一家人在基督教的欧洲已经走投无路了，"胡安"试探性地提议举家迁往伊斯坦布尔。而奥斯曼帝国的答复则截然不同：尽管犹太人不会享有与穆斯林平等的权利，但相比基督教欧洲的任何角落都要安全得多。②正如玛丽安娜·伯恩鲍姆所言，他们将奥斯曼帝国视作"19世纪东欧犹太人眼中的美国——逃离迫害的避风港"。16世纪50年代，伊斯坦布尔的25万人口中约有4万至5万犹太人。更重要的是，塞利姆苏丹视"门德斯"家族及其财富为帝国的潜在资产，于是便向威尼斯施压释放"比阿特丽斯"，准许整个家族离境。

所以当1554年"门德斯"家族迁入伊斯坦布尔时，这不仅是一种迁徙，更像是解放。他们终于褪去了基督教的"蛇皮"，重拾犹太教的真身："比阿特丽斯·门德斯"复名格拉西亚·纳西，"胡安"则变为了约瑟夫·纳西。家族在城中44座犹太会堂之一礼拜，约瑟夫更于1554年4月行了割礼，同年的6月则以犹太婚仪迎娶了表妹安娜（就是以前的"蕾娜"）。

当约瑟夫环顾新天地，想要找到一个既能致富又能报效新祖国的商机时，他把目光锁定在了明矾身上。

*

而约瑟夫·纳西的野心还不仅限于明矾。奥斯曼帝国将明矾、葡萄酒、羊毛、蜡、香料、铜和皮革等重要商品的贸易权外包给了出价最高者，这些定期的收入成为了帝国财政的重要来源。与欧洲的统治者不同，奥斯曼人对犹太人投资国家垄断行业毫无芥蒂，因此纳西很快便掌控了福恰的明矾矿，同时还经营着与摩尔达维亚（今罗马尼亚）的葡萄酒贸易、与波兰的葡萄酒和蜡贸易，甚至参与了征税。纳西家族的财富因此飙升至40万杜卡特，跻身伊斯坦布尔的顶级豪门。其在博斯普鲁斯海峡畔的贝尔维德尔宫中，80多人参加的宴席屡见不鲜。

奥斯曼帝国生产的大部分明矾主要供应给了帝国自己的染坊。尽管弗雷斯科巴尔迪垄断集团在亨利八世于1509年继位后不久便告终结，但奥斯曼人仍继续规避了教皇对土耳其明矾的禁令，持续向欧洲输出。这些被罗马教廷视为非法的明矾多经威尼斯中转贸易。事实上，1547年后的3年间，威尼斯人甚至直接运营屈塔希亚明矾矿（今称盖迪兹矿），年产量达75吨。[3]

---

[1] 费拉拉地处意大利东北部平原地区，位于波河的支流艾米利亚-罗马涅河的河畔。文艺复兴时，为独立公国，由埃斯特家族统治。1597年成为教皇国的一部分，1861年意大利统一时并入意大利。——译者注

[2] 例如，犹太人需缴纳财产税和人头税。

[3] 威尼斯人向苏丹支付了132万阿克切，以获得为期3年的经营权。相比之下，安纳托利亚省总督的年收入为100万阿克切，而16世纪50年代伊斯坦布尔苏莱曼清真寺的建造据称耗资5900万阿克切。

纳西与犹太巨贾阿哈龙·德·塞古拉共同掌管着福恰矿场，却很快遭遇了一场危机：他们的威尼斯中间商海姆·萨鲁克在 1566 年的 8 月（恰在一批奥斯曼明矾运抵威尼斯后）突然宣告破产了，他的欠债高达 11.2 万杜卡特。

按常理，威尼斯当局将会扣押这批高达 846 吨的明矾（相当于科洛尼亚矿场年产量的两倍之多），用以清偿萨鲁克的意大利债主——当然威尼斯当局也会从中留一部分。而身在土耳其的矿主们就会血本无归。

但木已成舟。明矾货船早已出海，无法联系上或是拦截。当这艘船如期抵达威尼斯时，当局果然扣押了这批价值连城的货物。在威尼斯人看来，这只是萨鲁克与其债权人之间的私事，理应交由威尼斯法庭裁决。

然而他们低估了约瑟夫·纳西与阿哈龙·德·塞古拉的能量。两位犹太巨擘向苏丹耳语献策……随后，苏丹的特使突然抵达了威尼斯，抛出了一则颠覆性的声明。特使宣称：威尼斯暂扣的 846 吨明矾从未属于过萨鲁克，甚至不归矿场公司所有——它们完完全全是苏丹的私人财产！据其所述，这批明矾早已被许诺献给苏丹，却在苏丹不知情下被非法偷运至威尼斯。特使总结道：苏丹对威尼斯当局及时截获货物深表感激，现要求立即归还。

这番说辞明显荒诞不经，萨鲁克的债权人与威尼斯司法当局皆对此嗤之以鼻。他们坚称此乃私商事端，与旁人无关。

但苏丹本人的介入已将此事件升级为一场政治博弈。威尼斯政府也不得不介入了，他们意识到如果强行拍卖这批明矾，恐怕会引发与奥斯曼帝国的外交危机，后果是难以预料的。因此尽管有着万般的不情愿，威尼斯方面仍达成了共识：绝不能冒险触怒自己在地中海最强大的宿敌。最终，尽管苏丹的主张荒谬至极，但威尼斯仍与之达成了一个折中方案——约瑟夫·纳西与阿哈龙·德·塞古拉终究获得了合理的补偿。

这场明矾争端既展现了苏丹维护犹太盟友利益的决心——因双方利益已经深度捆绑在了一起——更暴露出威尼斯在奥斯曼帝国威慑下的脆弱。这恰是两大宿敌力量天平倾斜的征兆——1573年奥斯曼帝国便展开了将威尼斯逐出塞浦路斯的军事行动。①

*

1579年，约瑟夫·纳西怀拥着巨额财富离开了人世。就他个人而言，这条从西班牙启程，辗转安特卫普、威尼斯，最终抵达伊斯坦布尔的漫长旅程就此落幕了。

福恰古明矾矿场的命运亦随之终结。历经300年工业化开采，矿藏终于日渐枯竭，加之16世纪末的经济衰退导致了纺织与皮革业的萧条，最终敲响了它的丧钟。到了世纪之交，这条疲惫的矿脉终于彻底关闭了。

然而，奥斯曼的明矾生产仍在盖迪兹（屈塔希亚）、塞宾卡拉希萨尔（科洛尼亚）与希腊的居穆尔贾（科莫蒂尼）延续着，年产量维持在400吨左右。1680年，土耳其传奇旅

---

① 尽管威尼斯曾在1571年勒班陀海战中参与击败奥斯曼舰队，但其国力衰微无法扩大战果。

行家埃夫利亚·切莱比在探访盖迪兹与塞宾卡拉希萨尔矿场时，曾记录过明矾的两项鲜为人知的用途：

在战场上，切莱比曾以鸡蛋、盐与明矾混合，为战马疗伤；而在伊斯坦布尔，他观察到共有40家工坊专门炼制一种顶级的黑墨——这种墨汁专为伊斯兰书法艺术打造，能做到日光照射下历久弥新。而其配方呢？有烟灰、树胶、没食子，以及——当然会有的！——明矾。

12 明矾、宗教改革与一场骗局

宗教改革无疑将西欧教会撕裂为了两半，同样也使得家族们开始分崩离析——父母子女反目，手足至亲成仇。而伊丽莎白一世与其表妹——苏格兰女王玛丽·斯图亚特的恩怨，堪称其中最惨烈的一段历史。

这对血脉相连却命运相悖的表姐妹，因宗教立场的鸿沟与英格兰王位的争夺势同水火。一系列的变故使得玛丽沦为了其表姐伊丽莎白的阶下囚，后者将她辗转囚禁于英格兰各处的城堡长达19年之久。在这段幽禁岁月里，玛丽唯有以书信遣怀：或致信伊丽莎白乞求宽赦，或联络英格兰的天主教徒，更与甘冒杀身之祸助其脱困、拥其为王的密谋者暗通款曲。

此类书信自然需要谨慎又谨慎。惯用的手法是以寻常墨水写一些无关紧要的内容掩人耳目，字里行间再用隐形墨水书写密文——隐形墨水的种类之丰富令人咋舌：橙汁、柠檬汁、洋葱汁、醋液，乃至尿液皆可作为墨水。根据技法的不同，密文需要经过加热、撒煤灰粉或是浸入水中方能显形。

凭借着历史的机缘巧合，我们得以确认苏格兰玛丽女王偏好的是哪种隐形墨水配方。她写给巴黎密使的书信曾遭到了伊丽莎白间谍头子弗朗西斯·沃尔辛厄姆截获，信中明确指示:"回函务必使用隐形墨水——在我看来,明矾效果最佳,其次是没食子①。"

在文艺复兴和都铎时期那诡谲的谍报世界中,明矾又解锁了一项新技能——这种白色晶体被研磨成粉末并与醋混合在一起后,可以成为一种精妙的隐形墨水。字迹会完全隐匿起来,只有将纸张浸入水中,秘密才能浮现。

不过玛丽·斯图亚特也正是因为这种墨水丢了性命②,她于1587年被处决了。

*

作为间谍工具的明矾墨水虽然令人浮想联翩,但与纺织工业对明矾媒染剂的巨量需求相比,不过历史长河中的一朵浪花。宗教改革引发的信仰裂痕,在此领域撕开了一道深刻的经济鸿沟。

欧洲约三分之二的明矾都来自托尔法的矿场,而西班牙的马萨龙明矾矿则供应了其余大部分。这些产地都是坚定信奉天主教的地区。但明矾最大的市场荷兰却一分为二,南部省份(相当于如今的比利时地区)仍由西班牙统治,而北部省份则成功地发动了军事起义,从大约1570年起实际上就已经成为了一个独立的新教国家。第二大市场英格兰也与罗马方面决裂了。除了亨利八世的长女玛丽一世那短暂的统治时期外,英格兰一直坚定地站在新教阵营。③

信奉新教的诸国虽然尽力斩断与罗马教廷的财政纽带——停缴什一税、废止修道院供奉、终止枢机任命献金——

却在明矾贸易中陷入了困局。因为在没有其他可靠来源的优质明矾的情况下，外加从土耳其的进口也不能持久，新教国家不得不像以前一样继续购买罗马的明矾。因此，尽管他们竭尽全力，但还是在向罗马输送着资金。

情况更糟的是，托尔法对明矾那近乎垄断的地位让教皇对新教国家有了一种难以忍受的影响力，如果他愿意，便能以此为武器对付他们。这绝非空洞的威胁。比如1533年，亨利八世在没有事先获得教皇许可的情况下就与他的西班牙妻子阿拉贡的凯瑟琳离了婚，教皇克莱门特七世便以明矾禁运作为报复。

曾为讨好罗马而取缔了弗雷斯科巴尔迪走私网络的沃尔西枢机，此刻也只能目睹着英格兰的染坊陷入绝境。来自尼德兰的走私明矾可以说是杯水车薪，纺织匠人们被迫使用树皮、没食子与绿矾等劣质媒染剂，于是催生出了诸如鼠灰色、马肉棕、豆粥褐、鹅粪绿等褪色布料。英格兰曾经引以为傲的彩色呢绒对意大利出口业务暴跌了七成，连带还引发英镑的信用危机。

---

① 没食子为没食子蜂的幼虫寄生于没食子树幼枝上所产生的虫瘿。分布于地中海沿岸希腊、土耳其、叙利亚、伊朗及印度等地。——译者注
② 在1586年的"巴比顿阴谋"中，玛丽以明矾墨水加密书信，怂恿支持者刺杀伊丽莎白并助其夺位。但沃尔辛厄姆的间谍网早已提前获悉了一切：他假意允许玛丽通信，实则让双面间谍吉尔伯特·吉福德渗透其联络网中，并让情报专家托马斯·菲利普斯使用"水浸法"逐页检测，最终12封加密信件全数现形。玛丽亲笔签名的密信成为叛国死证，导致她于1587年2月8日被处决。——译者注
③ 英国国教会自视为天主教与新教之间的桥梁教会。在此我将西欧简化为二元划分：信奉天主教的南方与尊奉新教的北方。

至1540年代托尔法明矾恢复供应时，亨利八世的国库早已因为宗教改革而耗竭了。这位曾将修道院铅顶熔铸成战炮的君主，如今却以这些劫掠来的铅料与教廷交换明矾——英格兰教堂被剥落的铅板，最终变成了罗马圣彼得大教堂穹顶的建材。

*

新教国家开始寻找新的、非天主教的明矾来源。然而，新教国家并没有取得像1462年托尔法明矾那样戏剧性的大发现。相反，当地企业家尝试从一种比明矾石更常见的岩石中提取明矾：明矾页岩。

事实上，最早的尝试在宗教改革之前就已经开始了，而且并非巧合的是，鉴于德国矿工传奇般的技艺和创造力，这些尝试最早就发生在德语地区。比如早在15世纪60年代，科隆附近和蒂罗尔就已经有了原始的明矾作坊，而在15世纪末之前，莱比锡北部的施韦姆萨尔也有了类似设施。但这些早期的实验成败参半。在萨克森的普劳恩，矿工工程师弗朗茨·林克和马丁·席林在1542年已经开始从明矾页岩中制造明矾，但1530年在图林根的萨尔费尔德发现的明矾页岩却因为无人清楚如何处理而被搁置了十几年甚至更久。再往西的话，1554年黑森的奥伯考夫林根也有报告证明明矾作坊的存在。

早期的先驱者们把从炼金术中学到的本事和从新技术手册（如1556年由一位名叫格奥尔格·鲍尔的德国医生出版的

格奥尔格·鲍尔的《矿冶全书》

鲍尔的技术手册《矿冶全书》设有专章论述明矾开采,成为全欧洲的标准参考著作。书中木刻插图详示明矾生产工艺流程。鲍尔常以拉丁化名"阿格里科拉"面对世人(来自维基共享资源)

《矿冶全书》)中获得的知识结合在了一起。鲍尔告诉他的读者,要在炉子中烘烤明矾页岩约 11 小时,每天在矿石堆上洒水 2 到 3 次,持续 40 天,然后再在大铜锅中把矿石煮沸。鲍尔说,这样就会产生一种明矾溶液,将其倒入槽中结晶即可。[①] 这些步骤听起来已经很精确了,但实际上还是没人知道该如何

---

① 鲍尔(德语中意为"农民")常将其姓氏拉丁化为"阿格里科拉"。

评估页岩中的明矾含量。有很多东西需要学习,而关于如何从明矾石中提取明矾的古老知识只能带着人们走这么远了。

最早取得成功的企业之一位于波西米亚,1554年人们在格尔考(日尔科夫)以及1558年在科莫陶(霍穆托夫)都建立了明矾矿。该地区的主要经营者克里斯托夫·冯·根多夫生产了足量的本地明矾,导致波西米亚的明矾价格下降。他的努力得到了费迪南德国王的鼓励,国王听说根多夫需要大量的人尿来制造明矾,便授予他一项听起来有些可疑的特权,即垄断波西米亚"所有城镇"的人尿。①

然而并非所有寻找明矾的尝试都会如此成功。1546年,亨利八世在爱尔兰韦克斯福德郡的一个采矿项目上投入了大量资金。尽管引入了德国工人,但用罗伯特·特尔顿的话来说,这家企业的耗资就"像个无底洞",并最终于1553年2月以"巨额亏损"而告终。据估计,王室的损失高达6000英镑。

随后,人们在距离都柏林30公里的小岛兰贝上进行了第二次尝试。有趣的是,该岛的所有者——都柏林大主教于1564年授予企业家、国务秘书约翰·查洛纳在兰贝岛上勘探明矾的权力,条件则是查洛纳必须承诺清剿海盗——这与300年前拜占庭皇帝从扎卡里亚家族那里获得的承诺如出一辙,当时扎卡里亚家族也是这么获得了开采福西亚明矾矿的权利。这个事实提醒我们,无论是在地中海还是爱尔兰海,当时的海上旅行是多么危险。最大的区别在于,扎卡里亚家族取得了惊人的成功,而约翰·查洛纳却没有。兰贝岛上的明矾并不比沃特福德郡多。

即使是那些初期成功的工坊也往往是昙花一现,因为产出的明矾数量太少了，无法抵销开采成本。波西米亚国王费迪南德试图通过禁止从托尔法和西班牙进口明矾来推广根多夫本地生产的明矾，但他在1551年、1554年和1556年多次重申禁令的史实表明，外国的供应实际上仍在流入他的国家。这也没什么可奇怪的。因为尽管付出了种种努力，事实上没有任何明矾页岩工坊能在质量上与托尔法的明矾竞争，或是在可靠性上与西班牙明矾匹敌。因此，这些旧的来源仍然在欧洲占据主导地位，并在16世纪中叶达到了创纪录的产量：托尔法每年能产出37000坎塔拉（超过1700吨）的明矾，而西班牙每年则能生产26000坎塔拉（超过1200吨）。

颇具讽刺意味的是，真正大规模推动新教国家发展的明矾，正是来自托尔法的明矾本身。

*

到了16世纪中叶，教皇们借鉴了当年与阿戈斯蒂诺·基吉合作的经验，找到了一种巧妙的方法，那就是利用托尔法明矾来减少他们的坏账。每隔几年，他们就会将托尔法明矾矿的经营权或是"承包权"授予他们的主要债权人之一。债权人在固定的年限内通过榨取托尔法明矾的价值赚取巨额财富；作为回报，他们向教皇支付高额的费用或是以此抵销教皇的一笔特别糟糕的债务。因此，这对双方来说可以算是双赢。

---

① 根多夫的明矾工场最初设于波希米亚的库滕贝格（今捷克库特纳霍拉），1544年后向西推进200公里，在卡丹附近的查霍维采设立新厂。

当明矾矿在协议期满后归还给罗马时，教皇可以将接下来几年的合同授予另一个债权人，从而再去抵销另一笔债务。

1553年，保罗三世将托尔法矿的经营权授予了一位名叫本迪内利·萨乌利的热那亚大亨，当该合同于1565年到期时，教皇庇护五世又将合同授予了另一位名叫托比亚斯·帕拉维奇诺的热那亚人。帕拉维奇诺家族被教皇认为是一双特别可靠的白手套，因为托比亚斯和他的兄弟阿戈斯蒂诺已经在将托尔法明矾运往热那亚了，利润丰厚到他们各自都用生意赚来的钱为自己建造了奢华的宫殿。托比亚斯实际上在当地已经被称为"明矾之王"了。①

托比亚斯·帕拉维奇诺的热那亚宫殿

1565年，托比亚斯·帕拉维奇诺被教皇保罗三世任命管理托尔法明矾矿，却通过隐匿巨量库存欺诈教皇。其子奥拉齐奥则通过向伊丽莎白一世女王出借资金购买被盗明矾收取利息牟利（来自维基共享资源）

---

① 托比亚斯·帕拉维奇诺宫现称卡雷加-卡塔尔迪宫，坐落于加里波第路4号。

事实上，整个帕拉维奇诺家族都参与了明矾贸易。托比亚斯的儿子法布里齐奥在罗马协调运营。另外两个儿子奥拉齐奥和亚历山德罗则在伦敦和安特卫普（现在是荷兰的主要港口）销售明矾。还有个侄子尼科洛在西班牙管理明矾业务，帕拉维奇诺家族是西班牙最受青睐的热那亚家族之一。在没有家族成员的关键港口，例如法国主要的明矾进口港鲁昂，家族也至少有代理人。因此，从表面上看，帕拉维奇诺家族是接管罗马明矾经营的完美人选。

事实上，当托比亚斯刚刚获得托尔法合同时，正赶上荷兰人反抗他们的西班牙占领者，当时英格兰支持荷兰人，而罗马则支持西班牙，帕拉维奇诺家族在这个关键时刻展现出了他们的能力。这是一个在经济和外交领域都很棘手的紧急关头，但帕拉维奇诺家族毫不畏惧。他们依靠罗马向西班牙和安特卫普维持着托尔法明矾的供应，并从安特卫普继续向新教荷兰和新教英格兰出口明矾。换句话说，他们成功地做到了同时向冲突的双方销售明矾。当西班牙当局试图通过禁止安特卫普和伦敦之间的所有贸易来削弱英格兰时，帕拉维奇诺家族冷静地从奇维塔韦基亚直接向英格兰运送明矾，完全绕过了安特卫普。这当然是对教皇的西班牙盟友的一种背刺，但帕拉维奇诺家族通过使用威尼斯船只而不是罗马船只，避免了教皇的尴尬。1577年，奥拉齐奥甚至直接委托英格兰船只从热那亚，也就是从教皇的眼皮底下的奇维塔韦基亚运送明矾。

然而，事情并不像表面看起来那样简单。帕拉维奇诺家族压根算不上可靠的白手套，他们实际上当着教皇的面欺骗了他。而且规模极大。

事实上，帕拉维奇诺家族找到了一种利用有限期合同为自己谋利的方法。每年，除了按照合同开采、运输和销售明矾外，他们还偷偷转移了大量未申报、未售出的明矾，并将其储存在欧洲各地的秘密仓库中。教皇对此一无所知，也没有从这些秘密库存中获得任何收入。

确切的数字当然没人知晓，所有这类案子中那些被私藏起来了的金额都是秘密，但规模肯定小不了。我们可以从帕拉维奇诺家族代理人所负责的主要进口港口的进口数据中估算到这一点：例如在马赛，16世纪70年代的年明矾进口量通常约为2000磅，但在1573年至1574年一年间，突然激增到超过22000磅（十倍之多！）。而在鲁昂，1575年至1576年仅进口了价值1100磅的明矾，但第二年却超过了48000磅，1578年则超过了63000磅。事实上，人们普遍认为，在他们长达12年的合同期间，帕拉维奇诺家族偷窃并隐藏了足够供应整个欧洲6年的明矾！这简直堪称历史上最大的明矾盗窃案，而且十多年间完全无人察觉。

直到1578年帕拉维奇诺家族的托尔法明矾矿合同到期后，事情才最终曝光。当教皇格里高利十三世将明矾合同授予托比亚斯的竞争对手——伦巴第人贝尔纳多·奥尔贾蒂和佛罗伦萨人弗朗切斯科·里多尔菲时，托比亚斯的家族突然出手了。就在新的经理们试图接手托尔法矿这个复杂网络时，帕拉维奇诺家族命令他们的代理人在欧洲各地出售他们藏在秘密仓库中的明矾。突然间，大量明矾似乎凭空出现了：全欧洲一下子充满了明矾，价格当然也就暴跌了。在秘密库存释放之前，明矾的价格原本为每坎塔拉33先令，之后则不到20先令了。在英格兰，明矾的价格甚至下跌了50%之多。

这一切都是帕拉维奇诺家族计划的一部分。在10多年里赚取了巨额利润后，他们可以承受收入的暂时下降——当然，新任的明矾承包商就不一样了，他们无法在如此低的价格下赚到钱。一夜之间，他们的商业模式变得不再可行，托尔法的生产水平直线下降，帕拉维奇诺家族的竞争对手遭受了惨痛的财务损失。

这也引发了帕拉维奇诺家族宏大计划的第二部分。随着托尔法明矾生产的停滞，帕拉维奇诺家族实际上垄断了欧洲的高质量明矾，他们现在命令他们的代理人逆转策略，再次限制明矾的销售。这迫使价格开始回升，到了1585年，明矾的价格回升到每坎塔拉32先令。而托尔法矿的产量这时已经减半了，帕拉维奇诺家族则立即开始以高价出售他们的非法明矾库存，又大赚了一笔。

教皇当然勃然大怒。这等于在被人出卖以后，又被出卖了一次。首先，在帕拉维奇诺家族经营托尔法业务时，他就被骗走了相当一部分收入，而明矾价格暴跌，让他又一次遭受了损失。而事实上，他直到现在仍在亏损，因为他现在无法从帕拉维奇诺家族出售的盗窃明矾中获得任何分成。愤怒的教皇逮捕了法布里齐奥·帕拉维奇诺，并很有可能对这个可怜人施了酷刑，试图找出那一大批明矾库存的藏匿地点。

但即使这么做也毫无效果。帕拉维奇诺家族现在坐拥着大量宝贵的明矾。而且他们的成本极低：他们这些明矾已经是被开采出来的，随时可以出售。他们与欧洲各地的明矾商人还都有联系，可以保证可靠的交付。他们可以将明矾卖给任何他们想卖的人。

现在唯一的问题是：他们会把明矾卖给谁呢？处理赃物从来都不是一件容易的事。但帕拉维奇诺家族想出的计划是如此厚颜无耻和狡猾，以至于它甚至改变了欧洲历史的面貌，并让家族中的一位成员最终变得极其富有。

*

在这个故事节点上，让我们把目光从罗马转移到伦敦，从托比亚斯转移到他的儿子奥拉齐奥·帕拉维奇诺身上吧。或者应该叫他霍奥拉齐奥·帕尔维奇诺，因为在英格兰，奥拉齐奥在自己的名字里加了一个"H"，姓则去掉了一个"L"，而他的职业生涯也随之起飞了。

在1558年天主教女王玛丽去世到她的丈夫于30年后派遣无敌舰队的这段时间里，身处英格兰的意大利和西班牙商人往往并不那么好过。因为担心外国的入侵，所以外国人经常被怀疑是间谍。事实上，已经有传言说这位霍奥拉齐奥·帕尔维奇诺是天主教的特工了，尽管他声称自己早就已经加入了英格兰教会。还有人管他叫马拉诺，也就是表面上皈依基督教的犹太人。在伊丽莎白时代的英格兰，这样的指控可能会让人丧命。伊丽莎白的医生罗德里戈·洛佩斯就是一位富有的天主教移民，有着犹太背景，他就因为一项几乎可以肯定并不成立的叛国罪指控而被绞死、剖腹和分尸了。

但霍奥拉齐奥却似乎毫不费力地登上了顶峰。他成为了伊丽莎白一世的私人银行家，并于1590年被女王封为爵士。伊丽莎白甚至写了一封罕见的信，请求教皇释放他在罗马被监禁的兄弟法布里齐奥。霍奥拉齐奥的迅速崛起在伊丽莎白宫廷供职的外国人里是极为罕见的，这当然与家族的巨额财富、宝贵的人脉资源以及大量被盗的明矾库存不无关系。

霍奥拉齐奥最初在1578年试图将囤积的明矾卖给英格兰，但伊丽莎白的秘书威廉·塞西尔[①]担心激怒西班牙，因为他害怕西班牙的入侵，因此否决了这个想法。于是，霍奥拉齐奥的脑海中形成了第二个计划。这是一个巧妙而复杂的三方交易，被盗的明矾将会被卖给荷兰，但由英格兰支付费用。作为伊丽莎白的银行家，他知道英格兰政府有足够的资金，并且确切地知道该如何欺骗伊丽莎白付款。

在交易的第一部分，霍奥拉齐奥提议向荷兰临时政府（称为"国会"）出售价值29000英镑的被盗明矾，明矾由安特卫普和热那亚的帕拉维奇诺代理人负责供应。国会可以将这些明矾卖给荷兰的染工，并用所得收益购买急需的军事装备，以支持他们对抗西班牙的战争。作为回报，国会将保证帕拉维奇诺家族在荷兰的明矾供应垄断权，为期6年。

当然，霍奥拉齐奥非常清楚，资金短缺的国会深陷与西班牙战争中，耗资巨大，根本不可能支付如此巨额的明矾费用。因此，交易的第二部分便是融资计划。荷兰人不必预先支付

[①] 威廉·塞西尔（1520—1598年），英格兰历史上著名的政治家。伊丽莎白一世在位期间的主要顾问，也是文艺复兴时期治世经国的人才。爱德华六世时期就担任首席国务大臣，1558年伊丽莎白即位后，成为她唯一的秘书。——译者注

明矾的费用，而是可以将29000英镑作为贷款，以后再偿还。这笔贷款将由英格兰的伊丽莎白一世担保，作为对共同对抗天主教敌人的新教盟友的支持。当然，实际上所有人都知道，破产的荷兰人肯定无法偿还贷款，因此伊丽莎白将会承担付款责任。

而霍奥拉齐奥则急忙向伊丽莎白保证，她不必向自己支付如此巨额的款项。因为计划的第三部分正是霍奥拉齐奥本人先向伊丽莎白借出29000英镑。只要伊丽莎白不想还，她就可以不必偿还这笔钱。她只需要向霍奥拉齐奥支付这笔贷款的利息即可。

1578年7月10日签署的这项协议对荷兰叛军来说无疑是天降的一笔横财，他们获得了价值29000英镑的明矾，却无需支付任何费用。而伊丽莎白也对此感到满意，她喜欢充当帮助荷兰盟友的角色，尤其是当她的银行家向她保证她永远不需要偿还这笔所借的款项时。

而霍奥拉齐奥呢？表面上他将损失29000英镑。但别忘了利息支付。请记住，这笔交易让伊丽莎白必须每年向霍奥拉齐奥支付利息。就在1571年，伊丽莎白的政府重新引入了亨利八世1545年颁布的一项法令，允许利率高达10%。考虑到时间因素，霍奥拉齐奥从累积的利息支付中获得的收益将超过借出的明矾的价值。而到了最后，伊丽莎白仍然欠他29000英镑。

当然，这笔交易中唯一缺少的因素便是任何道德或伦理方面的原则。在这方面，帕拉维奇诺家族是欧洲文艺复兴时期银行家族的典型代表。就和奥格斯堡的韦尔瑟和富格尔家族、佛罗伦萨的美第奇家族以及英格兰的格雷沙姆家族这样的家族一样，在他们服务的贵族通常认为眼里只有钱是有失尊严的时候，他们就已经提前理解了金钱的力量、证券的价值以及利息的作用。因此，他们只认钱：道德与此无关。他们既没有因为利用君主对金融的无知而感到内疚，也不会因为投资欧洲从非洲到美洲的奴隶贸易而感到不安。

★

霍奥拉齐奥的这笔交易可以说是影响深远。

或许最重要的后果便是，它让荷兰起义得以维持下去。由于缺乏资金，他们一度陷入困境，而16世纪的欧洲超级大国西班牙则可以从南美洲进口黄金，这种资金方面的不平衡很可能导致荷兰人的失败。然而，霍奥拉齐奥的明矾交易让起义者能够支付士兵的薪水并购买新武器，从而帮助荷兰人最终战胜了西班牙人。而西班牙统治下的尼德兰成为了欧洲大陆上新教的重要堡垒，而当时法国和匈牙利的新教徒正遭受着痛苦的失败。

这笔交易还确保了至关重要的荷兰纺织业始终拥有充足的明矾库存。1583年法国洗劫安特卫普和同年西班牙军队封锁敦刻尔克等军事行动，按理说很可能会让荷兰的染工无法获得明矾，但由于霍奥拉齐奥的交易，荷兰纺织业得以蓬勃发展，为经济繁荣铺平了道路，使荷兰成为了欧洲的经济强国。

此外，荷兰的经济胜利与西班牙的困境则形成了鲜明的对比，霍奥拉齐奥对明矾市场的操纵摧毁了卡斯蒂利亚马萨龙的明矾产业，并促使其最终衰落。1578年之前，马萨龙地区3家工厂的年产量达到了26000坎塔拉（超过1200吨），但霍奥拉齐奥的交易，加上宗教改革和战争的影响，导致其销售额在1588年萎缩至3000坎塔拉（142吨），并在1592年永久关闭。

当然，罗马和西班牙对此感到十分愤怒。不但教皇被骗了，而且西班牙一个珍贵的产业正在被摧毁。因此，他们试图反击。1581年西班牙下令扣押任何为帕拉维奇诺家族服务的船只，只不过这一命令很难付诸实施。像教皇克莱门特七世对亨利八世实施的那种全面的明矾禁运，本会造成更大的伤害，但帕拉维奇诺家族大量被盗的明矾使这种禁令变得不可能实现。无奈之下，宗教裁判所在罗马宣布逮捕霍奥拉齐奥，并于1584年他被缺席定罪，他在意大利的所有财产都被没收了。霍奥拉齐奥的肖像在热那亚和罗马被人们付之一炬。

只是这对霍奥拉齐奥来说，不过是小事一桩。他在英格兰取得了巨大的成功，以至于他可以轻松放弃在意大利的资产。因为他的明矾赌博获得了丰厚的回报：家族盗取的明矾库存不到10年就被处理完毕，而伊丽莎白在意识到自己白白支付了巨额利息后，又继续向他支付了5年的利息。直到1593年她停止支付时，霍奥拉齐奥已经收取了15年的利息，赚取了高达45479英镑的巨额收入——比明矾的价值还高出约50%，别忘了这些被盗的明矾当初可没花他一分钱。帕拉维奇诺家族不仅愚弄了教皇和西班牙人，现在他们还愚弄了英格兰的童贞女王。

*

伊丽莎白时代的贵族为国家服务是没有薪水的。然而，他们的开支却非常庞大，因为每当伊丽莎白选择在他们的住所停留时，他们都会因为给女王准备精致的食物、服装和庆典，并为此支付巨额费用。许多贵族还在赌博中损失了大量钱财。因此，许多有影响力的贵族虽然生活奢侈，但其实入不敷出，最终几乎身无分文或是负债累累。例如，伊丽莎白的间谍头子弗朗西斯·沃尔辛厄姆就欠了很多钱，以至于他被迫要求"不要举行任何通常适用于我这种职位的人的隆重葬礼"。

但霍奥拉齐奥·帕尔维奇诺并非如此。得益于他的明矾交易，他在1600年7月去世时就已经是英格兰最富有的人之一，他留下了价值10万英镑的遗产。

当然，伊丽莎白仍欠着他29000英镑——而据我所知，这笔钱女王也从未偿还。

13 约克郡的明矾

我站在埃斯克河①西岸的高处,脚下就是小镇惠特比。左侧,惠特比的两座防波堤如臂膀般伸向北海,潮汐港安静地躺在我面前的狭窄山谷中。渔船在码头边的避风水域轻轻摇晃,橘红色陶瓦屋顶的渔家小屋排列在狭窄的街道旁。对面的悬崖之上,矮墩墩的教区教堂和雄伟的惠特比修道院废墟俯瞰着这一切。

在从约克出发的一日游中,我常向访客讲述惠特比是如何从一个小渔港崛起为全国重要港口的故事——传说中,这片被沼泽、迷雾和湿漉漉的北约克荒原隔绝的土地,曾迫使惠特比的男人们远航捕鲸。站在西岸高处的詹姆斯·库克船长雕像旁,这故事显得格外可信。港口中还停泊着奋进号的复制品,这艘坚固的平底船正是在惠特比建造的。而我的视线也正被一座由巨型鲸鱼的下颌骨所构成的拱门吸引住了,仿佛为这段历史加上了注脚。

---

① 埃克斯河是英格兰西南部的一条河流。源山埃克斯穆尔高地,向南流经德文郡,在爱塞特注入英吉利海峡。全长97公里。产鲑鱼和鳟鱼。河口盛行帆船运动。沿岸有造纸厂、面粉厂。——译者注

然而，这故事总让人觉得带了些"鱼腥味"。惠特比的捕鲸业兴起于18世纪，但早在1540年至1660年间，小镇人口已从不足200人激增至了3000人。1632年，原始的木质防波堤被坚固的石堤所取代。1540年仅有3艘商船，到1690年已增至60艘。更蹊跷的是，詹姆斯·库克并非在渔船上学习的航海技艺，所有传记都强调他受训于神秘的"惠特比煤炭贸易"。煤炭贸易？惠特比既无煤炭出口，区区人口也无大规模进口煤炭的需求。这个所谓"煤炭贸易"究竟是什么呢？

答案就藏在一段比捕鲸更早、气味更刺鼻的贸易中——一段未被任何雕像纪念的产业。正是它将惠特比从无名渔港转变为了繁忙的工业港，它就是明矾产业。17世纪初，惠特比附近开始开采明矾页岩，而煅烧和加工这些页岩需要大量的煤炭。此外，将煅烧后的页岩转化为可用明矾还需尿液，后来改用海藻。正是这些运送原料和出口明矾的沿海小船，让库克和惠特比的水手们初次体验了远洋航行的技艺。正如1779年惠特比的数学教师莱昂内尔·查尔顿所言："明矾贸易让我们摆脱了默默无闻，让我们熟悉了航海，并将我们塑造成了一个重要的海港城镇。"

事实上，约克郡的明矾产业催生了建造库克首艘船只的造船业。正是明矾产业对船只的巨大需求，使得在惠特比造船变得有利可图。由于惠特比港是潮汐港，没有闸门系统在涨潮时蓄水，当地的造船匠便专门建造那种坚固的平底船，这些船在退潮时能轻松搁浅在泥滩上，涨潮时又能重新浮起来。

约克郡的明矾工场
页岩自悬崖开采后，历经运输、煅烧、水浸与反复蒸煮——这套化工流程始创于1604年，比工业革命早逾一个半世纪。然而在其背后，是常被拖欠数月薪资的明矾工人的血汗（来自维基共享资源）

詹姆斯·库克从这些被称为"惠特比猫"的船只上获得的经验告诉他，它们非常适合在未知水域航行，因为可以轻松搁浅维修，无需寻找深水港。因此，毫不奇怪，库克选择进行1768年首次远航的奋进号，最初便是一艘名为彭布罗克伯爵号的平底运煤船，由惠特比建造，服务于明矾产业。

*

让我们回到17世纪初，不列颠群岛寻找明矾的记录其实并不光彩。

亨利八世在沃特福德的尝试与约翰·查洛纳在兰贝岛的努力同样被证明是徒劳无功的。玛丽女王的天主教统治时期，从托尔法进口明矾并无阻碍，但伊丽莎白一世时代重启的英格兰南部勘探也同样无果而终。

1552年，威廉·肯德尔声称在怀特岛发现了明矾，并因此获授20年英格兰明矾开采垄断权，但他却在两年后宣布退出。来自列日的科尼利厄斯·德沃斯则获得了21年的垄断权，却也因资金耗尽，于1565或1567年将权益转卖给第六代蒙特乔伊男爵詹姆斯·布朗特。蒙特乔伊男爵承诺如果女王能预付6000英镑，将在两年内于多塞特生产150吨的明矾。女王明智地保留了资金，仅是给了他21年垄断权，并保留10%的利润抽成。尽管围绕明矾所有权的法律纠纷漫长而乏味，但最终所有人既未找到也未生产出任何明矾。

英格兰南部的地质条件注定与明矾无缘，而约克郡则因地质断层抬升了含明矾页岩层，这条矿脉横跨北约克荒原北缘，沿海岸绵延15英里至惠特比及更远。于是就这样，在英格兰寻找明矾的工作终于取得了成功。只不过奇怪的是，我们至今仍不清楚到底是谁进行了第一次成功的挖掘。

1603年，约翰·阿瑟顿在斯莱普沃斯（北约克荒原北缘，吉斯伯勒以东2英里）发现了明矾，并于1604年与约翰·鲍彻爵士合作建了一个加工点。然而，早在1538年，拉文斯卡附近斯托普布劳的一块土地已在文献中被称为了"明矾山"。[①]此外，丹弗斯勋爵声称对格罗斯蒙特的明矾工场拥有权益——1801年与1817年两位历史学家探访其遗址时，均认为该工场是约克郡地区最早的明矾生产遗迹，尽管勋爵的权益主张与工场的历史关联至今存疑。

最广为流传的版本是托马斯·查洛纳的传奇故事。这位常被称为"威尔士亲王导师"的人物,据说在1604年某日注意到其吉斯伯勒附近贝尔曼班克自家庄园的植物与托尔法教皇明矾工坊附近的相似,遂断定地下必有明矾。他也确实挖到了含明矾页岩,但却不知道该如何加工。于是,他就像个盗贼一样闯入了奇维塔韦基亚,贿赂意大利工人,让他们藏在木桶里和他一起偷渡回英格兰。就是这么个机智的小把戏让英格兰克服了外国的技术封锁,催生了英格兰自己的明矾产业,而愤怒的教皇只能对这位无畏的英格兰冒险家施以无用的诅咒。

遗憾的是,这个充满爱国色彩的故事几乎全是虚构的。通过植物识别新矿脉的说法不过是托尔法大发现传说的翻版故事。事实上,约克郡从未发现过此类植物,也没有绑架托尔法工人的证据。即便有,这些工人也用处不大,因为他们只是擅长从明矾石而非页岩中提取明矾。此外,据称在约克郡发现明矾的托马斯·查洛纳,我们也可以几乎可以确定并非那位拥有贝尔曼班克的威尔士亲王导师,而是其堂兄弟——此人正是曾在兰贝岛勘探明矾的约翰·查洛纳之子,且同样名为托马斯。至于教皇的诅咒,则是160年后为迎合18世纪反天主教情绪而添加的修饰罢了。

但无论真假吧,查洛纳发现明矾的故事确实激励了3位宫廷权贵——埃德蒙·谢菲尔德勋爵、大卫·福利斯爵士和托马斯·查洛纳爵士(贝尔曼班克的主人,传奇发现者的堂兄)——支持在贝尔曼班克成立约克郡明矾公司。他们以年

---

① 据传什罗普郡奥肯盖茨存在明矾矿脉,尤尔勋爵可能对此颇感兴趣。

金作为"封口费"平息了丹弗斯勋爵的竞争主张，并邀请约翰·鲍彻爵士加入了董事会，变相承认了斯莱普沃斯工坊的优先权。又通过宫廷运作，他们于1606年获得了詹姆斯一世的专利（1607年修订以接纳鲍彻），获准生产约克郡明矾。

国王授予公司31年英格兰明矾专营权，作为回报，谢菲尔德、福利斯、查洛纳和鲍彻（现在他们被称作专利持有人）承诺年产1800吨明矾，正好相当于英格兰的年消耗量。专利持有人无需自掏腰包，他们的财富为伦敦商人等投资者提供了担保。5位农场主（专利持有人将工坊租给他们）也提供了资本，农场主则负责雇佣承包商或者叫从业者，管理日常运营。利润按约定比例分配，专利持有人还需每年向国王支付700英镑，相当于托尔法和西班牙明矾进口关税。一旦约克郡明矾工坊达到生产目标，也就没必要再从国外进口明矾了。

这个计划听起来很棒，实则不然。里面的数字纯属臆测。无人知晓约克郡的矿藏能否年产1800吨，更无人了解生产成本究竟有多高。事实上，就是从页岩中提取明矾的经验也堪称寥寥，因此还得从列日（页岩明矾产业始于1586年）引入少量的工人。面对如此多的未知数，公司不出所料地亏损大于了产出：首年便亏损了2万英镑，次年则是3万英镑（约合2018年的40万英镑）。

这为接下来50年约克郡明矾的故事埋下了伏笔。一项规模空前的工业工程将会雇佣数百人，移走数千吨的岩石，直至改变约克郡海岸线。但这个勇往直前的新工业，将会被一群17世纪特权绅士那复杂的、道德存疑的且往往彻底腐败了的金融把戏所玷污——他们的唯一感兴趣的，就是以他人的代价轻松牟利。

*

在约克郡北部的 20 余处地点，明矾的开采与炼制延续了逾 250 载。这些工坊沿荒原西陲的辛布尔比与卡尔顿班克起势，向北穿过吉斯伯勒与斯莱普沃斯，延伸至惠特比北岸的洛夫特斯、博尔比及桑德森，再向南抵达雷文斯卡的峰顶与斯托普崖工场。埃斯克河谷亦分布着利特尔贝克与戈德兰班克工坊，共同勾勒出英格兰工业革命前夜的化学产业图景。

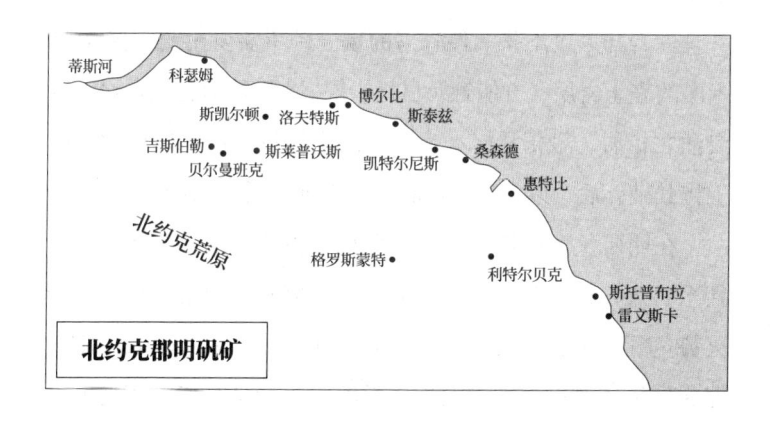

北约克郡明矾矿

遍布约克郡的这些明矾工场，都是通过包含多道工序的繁复工业流程从页岩中提取明矾。尽管历经岁月变迁，其核心工艺原理却鲜有更迭——1612 年特顿对生产流程的描述，与 1861 年沃尔特·怀特记录的明矾工场实况在本质上别无二

189

致（想要了解完整化学原理的读者，可参阅彼得·阿普尔顿所著关于约克郡明矾业的杰作《被遗忘的工业》一书）。然而17世纪早期的访客，必会被这个产业的庞大规模所震撼。

工坊初现的征兆，是刺破苍穹的硫黄烟柱。呛人的烟雾裹挟灰烬充斥四野，源自被称为"煅烧堆"的闷燃页岩巨丘——其基座宽达30米，由页岩与柴薪层层交叠而成。待这个堆体逾1米高时，工人便会引燃柴薪，继而不断添料，终使煅烧堆拔升至15至30米。建造如此巨堆需要耗时8个月有余，常常是毗邻悬崖而建，以便能从高处倾卸页岩。劳工们被迫在翻涌的硫黄白烟中站在悬崖边上作业，火势愈炽，烟瘴愈浓。怀特曾叹此景"恍若一座火山"，而浓烟则令他"喉如扼窒，惟欲奔逃"。

页岩开采也不是一件容易的事。矿工需要用镐铲掘开15米厚的表土岩层，方能触及目标岩层。[①]怀特形容此页岩"若浸油之板岩，触指滑腻如皂"。因质地较上层岩体松软，矿工将其破碎后，以木制或铁制轨道手推车运往煅烧堆。

在明矾生产的核心环节，煅烧堆需持续燃烧3至4个月甚至更久，精准调控页岩的煅烧火候堪称一门精妙技艺。若火势过猛，柴薪会在页岩充分分解前燃尽，因此工人会用湿泥涂抹堆体侧面以抑制火焰；而覆泥过量又可能彻底熄灭火源。在完全煅烧状态下，50吨页岩仅能提炼出1吨的明矾。

冷却后的煅烧页岩经手推车或牛车运抵浸泡坑——这些从岩床开凿的坑池长约11米、宽4米半、深1米。据怀特记载，每坑可容纳40车煅烧页岩，浸泡3日使可溶化合物析入水中。

浸泡坑内壁以石材砌筑，而建造明矾工坊与熔炉亦需大量石料。尽管当地的石材还算允裕，但工场主却将目光投向现成的切割石料：17世纪仍近乎完好的惠特比修道院有着石构的外墙。特顿指出，从"古修道院"采石已成为一种惯例，此举直接导致建筑南翼于1736年坍塌，塔楼则也于1763年倾覆。今日所见修道院的残垣，实为明矾工业与当地民居建造者合力"雕琢"的杰作，堪称一个悲剧。

5名劳工在每一个大坑里搅拌着浑浊的液体，浓度达标即成为"母液"。当时没人能理解煅烧与浸泡中的化学机理，全凭试错，因此谬误是难免的。1614年接管斯莱普沃斯工坊的爱德华·乔丹博士妄图以泥炭代替煤、白垩代替尿液降低成本，最终导致了实验败北，当年即亏本出售工场。

当母液浓度达标后，便经过沟渠导入明矾工坊。煅烧页岩需反复浸泡两二次以榨取残余的明矾，末次浸泡后方可清淤腾坑。与此同时，工坊内悬挂在煤火之上的铅釜终日沸煮母液。煤炭采自韦尔河畔的哈拉顿矿场，经海运抵惠特比沿海工坊及提斯河口科瑟姆（其时米德尔斯堡尚未建城）以供应吉斯伯勒矿场。

随着液体蒸发，铅釜内溶液的浓度也随之增加。等到达到了特定的比重，即导入"沉淀池"——用现代术语说，即添加碱性物质促使明矾结晶。然而17世纪的匠工只知道往里面加尿。一开始就地取材，坊间甚至认为素日少饮烈酒劳工的尿液品质要优于贵族。即便如此，兰贝岛约翰·查洛纳爵士仍以每40升1便士之价兜售自己的尿液。没过多久，人们

---

① 部分石材经海运销往纽卡斯尔充作建材。

便悟出了掺水牟利之法,让尿液的效力大减。

明矾产业的扩产迫使工坊开始通过漕运从赫尔（据赫尔城记载,该城的首座公厕便是为了明矾产业而兴建）乃至伦敦运送尿液了。1612年的冬天,仅桑德森工场在两个月里便消耗掉了13000加仑的尿液。英语俚语"taking the piss"（字面直译为"取尿",引申为"戏弄"）正是源自此行业:阿洛姆·艾梅号的卢克·福克斯船长载着29吨明矾抵达伦敦后,在返程时就带回了23吨的尿液,恰成此语的绝佳注脚。[①]

添加尿液（后改用海藻）最终让珍贵的明矾结晶析出,但工序还远远没完。结晶上的液体——现在被称为"母液"——被回收复用,而晶体则经过洗涤、复溶、再煮以提纯浓度。匠人需精准判断溶液的火候,传闻说如果能让生鸡蛋浮在液体表面即为理想的浓度——此种说法虽妙,却无实据。

当溶液达标后会被泵入近3米高的木质"晶化桶"里静置两周,等开封后就可以得到桶状的巨大晶体了。怀特盛赞此工程是"化学艺术之悦然凯歌",所言确实不虚——这可是英格兰首个通过化学提纯的产业,堪称化学工业之滥觞。

到了19世纪,约克郡年产明矾达到了3000吨,其背后却是每吨成品需要剥离36吨表岩、采运煅烧50吨页岩、耗煤6吨、添尿500升（或海藻1吨）的惊人数据,而且这一切全都要靠人力来完成。

整条产业链涵盖矿工、石匠、监工、桶匠、铁匠、车夫等等,更需要有驮队沿着石板驴道将明矾从荒原运往海岸,船工漕运往来,商贩供给食宿。

但这些劳动者的生活状态又是怎样的呢?

*

在约克郡东区约克城以东的柯比安德代尔附近，一块全郡最离奇的路标指向了名为悬吊格里姆斯顿的村庄。驾车下坡再上坡后，你会看到完全相同的路标指向来时的路。然而你在整个途中既未经过什么村落，也没发现任何岔道，沿途的几座农庄也都另有其名。那么，这个悬吊格里姆斯顿究竟在哪里呢？

缓行折返于这条乡间小道，你会注意到平整的绿茵草场中隆起了几处土丘。这里正是——或者说曾是——悬吊格里姆斯顿：这座中世纪的村庄在1381年尚有80名14岁以上居民，却在16世纪80年代遭到了"清场"，也就是官方驱逐掉了全部人口以便发展利润更高的牧羊业。到了1619年，这座曾经繁荣的村落已彻底荒废了，如今则更是片瓦无存。但为何路标仍指向这个16世纪末就消失了的村庄，至今仍是一个未解之谜。

悬吊格里姆斯顿居民的命运赤裸裸地向我们警示了：17世纪英格兰的劳工就连最基本的保障都无从谈起。英国首部劳工保护立法《工厂法》一直拖至1802年才正式出台，而明矾产业早在两个世纪前就已存在了。工人的境遇要完全仰仗地主与管理者的善意，这正是悬吊格里姆斯顿与我们的故事相关之处——自1593年起，这片土地的所有者正是明矾公司第四任专利持有人约翰·鲍彻爵士。此人对待悬吊格里姆斯

---

① 阿洛姆·艾梅在不同文献中记载各异（亦作阿洛姆·安、阿洛姆·安娜）。

顿农工的手段，预示着约克郡明矾工人的悲惨境遇。

当然，明矾公司宣称始终以劳工福祉为己任。据1609年的一份文件记载，公司不仅向数千名工人支付了薪资，还供养着哈拉顿煤矿工、运输煤炭、尿液、明矾的船员，以及全国纺织制革业的劳动者。更有甚者，公司声称对工人进行了宗教教化，并为其子女提供教育：每年支付威廉·沃德80马克为吉斯伯勒明矾工人布道，又资助莱斯的牧师理查德·利克为桑德森与阿索姆工人提供灵性关怀。不过这种"关怀"显然并不妨碍公司要求工人在周日也参加劳作。

即便是这样，也许工人们还是愿意用这些宗教指导换取按时发放的工钱。但尽管公司满口仁义道德，1612年的调查仍显示明矾工场的薪资拖欠情况触目惊心，"大批工人哭喊着讨要应得的报酬"。仅在贝尔曼班克，26名工人就面临着450个工日的欠薪，每天仅仅6便士至8便士的微薄收入让他们一直挣扎在生存线上——而1612年8月的欠薪竟拖欠至12月才发放。

5年后的境况依旧。欠薪达三四个月之久的工人们被描述为"可怜虫，衣衫褴褛、赤身露体，随时可能因缺衣少食而饿毙"，连赊购饮食的信用也都丧失了。当公司提出支付1个月（而非拖欠的三四个月）的薪资时，这些走投无路的工人毅然发动了罢工。

在那个工会尚未诞生的年代，劳工被拖欠数月薪资实属骇人听闻的普遍现象。即便是为王室效力的工人，也常遭遇两年之久的欠薪。难怪绝望的明矾工场工人曾威胁要诉诸暴力，并变卖工场物资以养家糊口了。正如1614年执掌斯莱普沃斯明矾工场的爱德华·乔丹博士曾辛辣讽刺过的那样："比起教皇的诅咒，欠薪劳工对工场的怨念更令人胆寒。"

雪上加霜的是，劳工薪资常以实物抵偿。1625 年的一份调查显示，部分"薪酬"实为"麦芽、豌豆、谷物与奶酪……用以替代工钱"。更多人收到的是仅能在公司商店兑换的"代金券"——公司则通过高价售货回收资金。那些居住在公司所属房屋的工人，还需按公司定价被扣除部分薪资以抵充房租。

即便抛开欠薪问题，明矾工人的生存境况亦足够残酷。1612 年的 8 月暴雨成灾，洪水冲毁了斯莱普沃斯的木质设施，残骸需人力才能拖回山上。1614 至 1615 年冬季则严寒刺骨，浸泡坑结冰封冻，厚雪覆盖致页岩开采停滞。外加悬崖地带滑坡频发：1682 年春，朗斯威克湾整个村子滑入了海中，1829 年凯特尼斯明矾工场与工人棚屋则毁于山崩。

工场事故虽无早期记载，但必定屡见不鲜。沃尔特·怀特曾记录某次"崖壁起火燃烧 2 年之久"。坠石掩埋更是一个永恒的威胁——1784 年 9 月威廉·威尔士、1824 年 2 月托马斯·加伯特与约瑟夫·沃德尔皆殒命于此。加伯特遗孀与 7 名子女自此失去经济支柱。海难亦时有发生：1827 年 9 月，泰恩赛德运煤船在博尔比近海触礁、1845 年 4 月，阿洛姆·艾梅号伦敦双桅船全员罹难。8 周后在博尔比，工场工人发现了腐烂的尸体，据推测其为船员的遗骸。

还有就是长久以来令人作呕的恶臭难题。1626 年伦敦塔下游开设了明矾工场（意图就近服务主要客户群体——染坊主），却因恶臭引发强烈抗议。民众控诉气味浓烈致邻田奶牛都拒食牧草了。皇家医师学院院长偕 6 位医师调查后，指证工场"危害健康",该工场遂于1627年关闭。

直至1904年,还有一名叫作托马斯·哈里森的农民把朗科恩明矾工场告上了法庭,控诉其加工自南半球最大明矾石矿(1878年发现于新南威尔士布拉赫德拉)进口的矿石时排放的"有毒气体"导致"谷物与块根作物受损"。陪审团裁定哈里森胜诉,最终获赔了366英镑。

然而回溯整个17世纪,在约克郡北部那个荒凉的海岸,没有什么法庭、医师学院或是任何机构会去关心那些终日与"有害气体"为伴的明矾工人。

*

约克郡的明矾生产无疑是一项技术壮举,但支撑其运作的财政体系却从一开始就混乱不堪。

明矾公司曾承诺年产1800吨明矾,到了1608年实际年产量仅260吨,公司也因此陷入了严重亏损。然而首轮产业调查竟不切实际地宣称产能可以提升至2000吨,成功说服詹姆斯一世国王将明矾工场收归王室所有。国王任命调查负责人亚瑟·英格拉姆代管工场。

新的协议规定英格拉姆在第一年需要产出1200吨的明矾,此后每年都需要增加至1800吨。[①]然而实际的产量却不升反降:到了1616年3月仅产出了575吨,债务则继续飙升,国王投入的10000英镑设备修缮款更是不翼而飞。按照合约条款,英格拉姆本应因违约遭财政部问责。但在斯图亚特王朝的英格兰,权贵的庇护才是硬通货——身兼北方委员会秘书的英格拉姆，其顶头上司正是专利持有人之一的谢菲尔德。更重要的是，时任财政大臣的萨福克伯爵托马斯·霍华德是他的靠山。这位挥金如土建造奥德利庄园的伯爵素有受贿的恶名，后来确因收受明矾承包商威廉·特纳1900英镑及铁器供应商弗朗西斯·希尔德斯利1000至1500英镑而遭到罢黜。然而无论是通过贿赂还是利益交换，萨福克伯爵最终还是勾销了英格拉姆12340英镑的罚金。

更匪夷所思的是，1617年英格拉姆竟然又得以续签了19年的工场租约。此番任期内果然再次陷入丑闻，专利持有人约翰·鲍彻爵士指控其贪污。实际上两个人当时都已声名狼藉：英格拉姆惯以"地契瑕疵"为由拒付购地尾款，多数地主惧其权势不敢诉诸公堂；鲍彻则以盘剥佃户高额租金而著称，多次因黑幕交易出入法庭。1625年两人还疑似因为肢体冲突遭到软禁，1633年另一专利持有人大卫·福尔斯爵士亦因拒缴罚款而入狱。

直至这些权贵相继退场，明矾产业方步入正轨。1635年首次实现年产1800吨的奇迹，工场也开始盈利。即便经历了1642至1646年的内战动荡，产业仍持续扩张：在本地木材耗尽后，1700年从泰恩赛德输入了万吨煤炭用于煅烧，至1805年翻倍至2万吨。另一增长指标则是出口的激增——质优价廉的约克郡明矾将意大利托尔法明矾挤出了利润丰厚的荷兰市场，18世纪中叶更是令列日周边明矾工场在激烈竞争中凋零殆尽。

---

① 原始特许权持有人本应享有31年合约期，最终获得相应补偿。

★

关于英国工业革命的起点长久以来一直众说纷纭：是1733年获得专利的飞梭发明？1778年瓦特与博尔顿改良的蒸汽机？抑或是1781年世界首座铁桥在铁桥谷的落成？约克郡明矾产业比所有这些标志性事件早诞生了逾一个世纪，却已然彰显出工业革命才有的独特气质。

新兴工业流程开始运转。新劳工群体被吸引至公司建造的廉价住房。工时也得到了调整以适应设备的最大化利用。长途运输路线开辟起来了，码头兴建，轨道铺设，厂房林立。毫无法律约束的资本主义运作催生了大量岗位，同时也在压榨着劳工的血汗。部分业主暴富，另一些则倾家荡产。这里既有勤勉耕耘，亦有营私舞弊。史上首批工业罢工在此地爆发。明矾产业甚至预演了工业化的南北分化——北方劳工挥洒汗水，南方人却独享其劳动果实——伦敦染坊用明矾染就的华服美缎。

最戏剧性的是，明矾产业预示了工业化采矿对乡村的破坏程度到底能有多强。山坡被采石场啃噬，约克郡北岸悬崖遭到了大规模开采，留下的伤痕至今仍触目惊心。在某些地方，煅烧页岩的残渣厚积成了灰蒙蒙的月表状地貌，寸草不生。

然而这些都是后话了。

回溯整个17世纪的上半叶，明矾工场欣欣向荣。东海岸船舶往来如织：运建筑石料至泰恩和威尔，然后载着煤炭抵达惠特比，最后再把明矾运往伦敦，驮着尿液返程。库克船长并非唯一将此航运技艺用于更广阔天地的航海家。1631年，阿洛姆·艾梅号船长卢克·福克斯（即前文那位"取尿者"）驾驶查尔斯号从伦敦启程，在7、8、9月3个月探索了加拿大海岸的哈德逊湾[①]。若非澳大利亚大陆横亘，西北航道或许就由他率先打通了，今日惠特比西岸矗立的也就应当是福克斯而非库克的雕像。但也没关系，两位探险家可以说都是在明矾贸易中磨砺出了航海家的锋芒。

  仔细想了想，我最后还是愿意将惠特比的库克雕像视作对明矾产业的礼赞——纵使碑文上从未镌刻过"明矾"二字。

[①] 哈德逊湾又称哈得孙湾、哈德森湾。位于北冰洋的边缘海，伸入北美洲大陆的海湾，位于加拿大东北部，东北经哈德孙海峡与大西洋相通，北与福克斯湾相连并通过其北端水道与北冰洋沟通。南北长约1375千米，东西宽约960千米。——译者注

14 明矾、印度与全球贸易

在远古时代，有那么一个传说，一位名叫秦付的男子携妻儿逃离了自己位于中国西部的故乡四川。他们横穿了整个中国，最终在东南沿海附近的鸡笼山寻得一处洞穴安身。而当他们卸下行囊、生起篝火后，他们拾取了一些石块支起了锅灶。

几天之后，这一家人惊讶地发现那些石块开始崩解。更令他们愕然的是，石缝中竟萌生出细小的晶体，舔之酸涩。而当秦付将这些晶体投入泥潭后，这家人不仅发现它们溶解了，更是目睹浊水如受魔法般变得清澈起来。

后来，秦付之子突发腹痛并患上了重症暑热，父母就把溶有"魔晶"的水喂给他喝，那孩童竟然迅速康复了。

而此晶体很显然就是明矾。秦付偶然发现的，乃是温州明矾矿——也是全球最大的明矾石矿藏。历经了600年的开采，该矿现在仍保有全球已知明矾石储量的60%。

温州矿区在不同时期至少存在过7处独立的工场，用来开采各条不同的矿脉，并始终维持着庞大产业规模：部分矿坑深入山体达1100米。辽阔的工区囊括了明矾加工场与完整的工人村落。先民们深知明矾工场恶臭刺鼻，因此特意将村落建于工场的上风口——此举堪称明智。

温州采用的工艺大体与我们熟知的流程相仿：矿石先经煅烧，再溶解制液，最终结晶出明矾。但其中也有着两大关键性的差异：煅烧非露天堆烧，而是在大型的金属窑炉中进行；结晶亦非在密闭晶化桶内，而是在露天圆池中完成的。如今，成排窑炉仍矗立于遗址之上，与明矾工人聚居地福德湾[①]共同构成了一个保护区。

温州的明矾产量之巨，不仅满足了中国本土染坊的需求，更是远销东南亚诸国。与热那亚商人如出一辙，中国商贾以明矾作船舶压舱物，抵港后换回商品牟利。

正是因为如此，至少从16世纪起，中国的明矾便开始滋养西去数千英里、位于印度东海岸的产业了。

*

印度的棉布制造可以追溯至公元前5500年，而最初所用的媒染剂已不可考。而到了9世纪时，印度东南部的染匠不但已经开始进口中国的明矾，更是学会了如何用明矾固定木版印花色彩的技艺。因此当欧洲商人刚刚抵达印度东海岸时，目睹的便是马苏利帕塔姆与普利卡特等港口向印尼及环印度洋地区出口印花棉布的一片繁荣的贸易景象——印度织工甚至已经能按照暹罗（泰国）宫廷等海外订单定制纹样了。

欧洲虽以羊毛织物为主业，但也不是不认识印花棉布：阿勒颇棉布就曾流通于马赛，亚美尼亚织工也曾仿制过埃及的棉布。然而棉布轻盈更胜毛料，于是风靡欧陆。1678年荷兰第一次建造了棉布工坊，英荷则紧随其后。与印度一样，都是以雕木版施色，染料供给也十分丰富——既有从东印度群岛船运而来的，也有通过丝绸之路商队输送过来的。然而媒染的工艺却成了问题：明矾用于棉布的话需要增加树脂以提高黏稠度，却容易导致色泽晦暗外加褪色。

这也是当欧洲商人看到印度科罗曼德尔海岸棉布会感到惊讶的原因——其质地之轻、色彩之艳、固色之牢，都是当时的世界第一。

那是因为印度使用了一种包含17道古法工序的技法：石砧捶打、沸煮、夜浸羊粪、日曝强光、单宁果液与水牛奶交替浸渍、多向拧绞、打磨抛光等等。

令欧洲人屏息的不仅是布料的轻盈，印度布那魔幻璀璨的颜色更让他们感到惊讶。这些色泽焕发着令欧产织物相形见绌的耀目光辉，而且固色持久——这都仰仗着印度染匠精研明矾之道。

与欧洲同行相似，印度的匠人以木版施纹，用树脂提高媒染剂的黏稠度。再对布料进行特殊的预处理，使得媒染剂（黑色的轮廓用发酵的铁水，时尚的红色则用明矾）能更深入地渗透纤维。继而将布料浸入茜草染浴，令底色再次变回干净

---

① 福德湾村，浙江省温州市苍南县矾山镇下辖行政村，中国传统村落，位于矾山镇南部，距苍南县城18千米，村域面积0.4497平方千米。福德湾村因采矾而生、炼矾而盛，整个村落沿鸡笼山体而建，坐南朝北，集古矿硐、古街、传统民居、古老的生产技艺、近现代工业遗址于一体，被誉为"山地采炼矾传统村落"，具有独特的浙南山地民居特色与采、炼矾工业文化。福德湾村的矾山矾矿遗址被国务院列为第八批全国重点文物保护单位，村内留传着矾塑、矿工号子、肉燕制作技艺等非物质文化遗产。——译者注

的白色，反衬得彩纹愈发绚烂。至关重要的是，印度染匠深知树脂会导致颜色晦暗的原理，因此独创了染色后的洗脱树脂之法。这关键的一步赋予了印度棉布无与伦比的鲜亮色泽，而欧洲棉布因残留树脂的"黯沉"，所以落了下风。

因此，印度棉布的客户得以向东横跨印度洋，西达非洲东岸，甚至一直深入刚果内陆。经英荷法东印度公司船舶载至伦敦、阿姆斯特丹与洛里昂（法国东印度公司总部）后，旋即引发了欧陆的抢购风潮。

仅洛里昂一年就能运来十船货，17世纪末欧洲的年进口量更是高达200万匹——印花棉布竟超越了东方香料与中国瓷器，成为了亚欧贸易的首要商品。到了1684年，英东印度公司73%贸易额系于印度棉布。

这种在法国被称为indiennes，在英国则叫作calico或是chintz的印度棉布，一开始被用作窗帘床帷等家饰，替代那些厚重的织锦。后来劳工便用雇主所赠的边角料做衣服，于是贵族们惊讶地发现印

18世纪印花棉布裙
17世纪末至18世纪，色彩艳丽的印度棉布风靡欧洲。以铁盐与明矾作媒染剂，并以树脂增稠。与欧洲染匠不同，印度匠人掌握染色后去除树脂的技法，遂令布匹色泽较欧产更为鲜亮（来自维基共享资源）

度棉布在制衣方面的潜力，于是竞相效仿，最终导致全民都穿上了印度棉布——正如萨拉·菲所言，这个 chintz 乃是当时"首个大众时尚"，也因此瓦解了以色彩区分阶级性别的千年传统。

当然，守旧者自然会跳出来诋毁它：笛福讥讽此举是"身为贵族却披印度地毯"。

欧洲的纺织业主与牧羊产业贵族更是愤懑——毕竟他们的商业模式遭到了颠覆。于是权贵们游说政府施加限制：1686 年凡尔赛颁令禁运 indiennes；1700 年英国的《棉布法案》则限制印度染布进口，1721 年更是加码严控；普鲁士的腓特烈·威廉则令 8 个月内毁尽境内的印度棉布；西班牙、威尼斯、奥斯曼也群起效仿。但这种禁令反而催生了走私狂潮：来自瑞士的走私品进入法国，荷兰则暗中走私至英国，王公显贵更是公然违禁。

禁令的另一个后果，就是迫使印度布料进口商另寻销路。他们很快在一群从事着完全不同行当的商人中觅得了市场——那便是罪恶滔天的跨大西洋奴隶贸易商。因《印花布禁令》不适用于"进口即复出口"的货物，以法国东印度公司为例，商人仅需在洛里昂卸货，继而沿海岸将布料运至南特奴隶港，便可合法输往非洲。此模式迅速便成为所有奴隶贸易参与国的通行做法：奴隶贩子载印度棉布抵西非海岸，用以交换奴隶，再将黑奴贩运至美洲。

因此，远自温州而来的明矾，催生了席卷东亚、风靡欧洲的印度棉业。而政府的禁令迫使贸易流转向了非洲，终使其与跨大西洋奴隶的血腥贸易交织在了一起。明矾也终于成为了首个真正全球化商业网络的核心纽带——它将中国与印度、印度与东印度群岛及中非、印度与欧洲、欧洲与西非及美洲串联在了一起。①

---

① 该贸易持续至18世纪末,随着欧洲厂商成功仿制印度品质并引入新技术(如瑞士金属雕版印花)而告终。

15 明矾、两位女性与垄断

尽管我们讲述的这个明矾故事跨越了数个世纪、多种文化与世界各地，但它们始终都有一个共同点：主角无一例外都是男性。

然而，这一现象在18世纪发生了改变。最引人注目的转折点发生在斯科纳——这个如今是瑞典最南端的省份，却曾经长期隶属丹麦王国。在那里，一位女性至今仍被人们尊崇为历史上最强大的工业巨头之一。

故事始于一位名叫约库姆·贝克的富商。1635年的一个夜晚，他在斯科纳的安德拉鲁姆庄园睡觉时，梦见自己身卧宝藏。次日清晨，在有人向他展示了一块明矾后，他便一下子明白自己该做什么了。于是约库姆买下安德拉鲁姆周边的土地，从荷兰贷款，并通过自己的好友丹麦国王获得了特许权，还引进了经验丰富的德国明矾工匠，就这么创办了丹麦（也是瑞典）的第一家明矾工厂。

然而战争的出现打乱了一切。1658年，丹麦与瑞典爆发了冲突[1]，双方军队洗劫了这间工厂（据传是为了将明矾锅熔铸成子弹），斯科纳这个省份也从此划归瑞典统治。当荷兰银行催收贷款时，约库姆无力偿还，于1682年在破产中离开了这个世界。

此时，一位名叫克里斯蒂娜·皮佩尔［皮佩尔的英文写作"派珀"（Piper），但发音为皮佩尔］的寡妇登场了。1725年，她接管了安德拉鲁姆的明矾工厂，而当时的她其实早已是声名显赫的人物。

克里斯蒂娜·皮佩尔的城堡（毗邻安德拉鲁姆明矾工厂）
18世纪在克里斯蒂娜·皮佩尔治下，安德拉鲁姆明矾工厂跃居斯堪的纳维亚最大工业企业之列。克里斯蒂娜治业严苛：工厂区既设学校、药房与医院，亦含法院、监狱及鞭刑柱子。如今工厂废墟仍可供访客参观（来自维基共享资源）

1673年生于斯德哥尔摩顶级商贾之家的克里斯蒂娜，17岁即被许配给年长她26岁的卡尔·皮佩尔——此人在瑞典的宫廷可以说是人脉甚广。克里斯蒂娜则善用了此资源：当时如果有人想要向国王进言，都得先向克里斯蒂娜进行"社交拜访"并留下贵重的"赠礼"才行。她不断催促卡尔多安排一些这样的觐见，然后将这些"赠礼"投入日益增值的房地产行业中去。

然而这般优渥的生活骤止于1700年：瑞典国王查理十二世对俄国宣战，1709年的波尔塔瓦战役惨败则导致瑞军覆灭，卡尔沦为了战俘并于1716年死于俄国的监狱中。

而一下子痛失丈夫的克里斯蒂娜又该如何生活呢？很多人觉得她很难以寡妇之身独自抚育三女一子。但克里斯蒂娜却展现出了对生活前所未见的掌控力——她在自己位于斯科纳的那5万英亩领地上，将安德拉鲁姆明矾工厂打造成了一个属于她自己的微型帝国。

克里斯蒂娜将雇员数量扩充到900名，还建了学校、药房、医院、养老院，以及工厂自属的法庭、监狱甚至鞭刑柱子。她还开设了私人铸币厂并打造了印有她姓名首字母的货币用来支付工酬，这种货币只能在其工厂的商店与食堂里流通。工人们对此虽然不高兴，但却没什么好抱怨的，毕竟1740年至1742年全国出现了粮食歉收危机。那是个严冬肆虐的年代，而安德拉鲁姆方圆20英里内木材皆须按厂主定价专供明矾工厂，农民不得私留哪怕一寸木材。

---

① 这里指的是1658年爆发的尼堡之战，是第一次北方战争期间丹麦军队与瑞典军队之间的一次战斗。1658年2月，瑞典国王查理十世组织了一次大胆的进军，瑞典军队从日德兰半岛越过坚冰，进占菲英岛后又进军西兰岛。1659年2月，荷兰参战。同年11月，德·勒伊特海军上将率领荷兰舰队把丹麦军队9000余人从日德兰半岛运至菲英岛。随后，丹麦军队在尼堡打败苏兹巴赫的菲利普指挥的瑞典军队6000余人。——译者注

到 1752 年 79 岁辞世时，克里斯蒂娜治下的安德拉鲁姆工厂已成为斯堪的纳维亚最大的工业基地之一——约 3000 人聚居工厂周边，要知道同一时期的地区中心马尔默也才只有区区 5000 人口。

克里斯蒂娜的掌控力更是超越了生死：因为她并不信任自己家族男性后裔的理财能力，所以她以法律的形式规定安德拉鲁姆地产与工厂永不得出售或分割。而该遗产也确实因此完好存续至今。

*

在遥远的英国约克郡，一位权势稍逊于克里斯蒂娜但却同样性格坚韧的女性亦涉足了明矾产业。

在和克里斯蒂娜·皮佩尔的离世几乎属于同一时期，朱迪思·劳斯嫁给了爱马之人乔治·贝克。而朱迪思的父亲也是一位成功的赛马育种家，所以她深谙马匹与赌博之间有着扯不断的关系。

这也许就可以解释为何贝克家族是由朱迪思执掌账目了——当乔治外出训练猎犬时，都是她在和商贩们做生意，督造达勒姆郡埃勒摩尔宅邸的帕拉第奥风格改建，并打理诺森伯兰地产变卖事宜。朱迪思精于算计，付账时的吝啬程度堪比任何男人：1769 年 11 月，就有伦敦手套商抱怨自去年 4 月供货 60 副手套后却一直分文未得。但是她也同样重视忠诚，宁可续用可信的供应商，也不会因为图便宜而找新人。

受过教育的女性掌管家庭财务并非如我们想象中的那般

罕见——尽管她们并不都和瑞典的克里斯蒂娜·皮佩尔一样公开自己的身份。克里斯汀·威斯金曾指出，许多与朱迪思社会地位相当的女性都"默默从事着维持家庭财务稳定的高度理性事务"。而朱迪思的特殊之处在于，她还管理着丈夫乔治的事业——且这项事业正是明矾的开采。

到了18世纪中叶，英格兰王室对明矾的垄断权早已瓦解。[①]约克郡的明矾矿场主要掌握在桑德森的穆尔格雷夫家族、凯特尼斯与洛夫特斯的邓达斯家族，以及惠特比附近索尔特维克的乔姆利家族等富裕地主手中。作为乡绅阶层[②]，贝克家族的社会地位略低于这些显赫世家，但乔治毕竟还是继承了博尔比矿场的主要股份。这座较小的明矾矿始采于17世纪50年代，其工人大多居住在附近的斯泰兹。该矿场与北面邓达斯勋爵的洛夫特斯明矾厂仅仅相隔了一条狭窄的岩石地峡。

1754年，当朱迪思的丈夫就任达勒姆郡的副中尉时，她接掌了博尔比矿场的执行合伙人职位，并与持有该矿四分之一股份的当地人拉尔夫·杰克逊展开了密切合作。在持续28年的成功合作中，一直是由拉尔夫负责矿场的日常运营，朱迪思则负责掌管公司账目与战略规划。

朱迪思与拉尔夫很快便意识到，矿场亟须资金的投入。但在18世纪投资明矾矿场的风险极高——你必须举债经营，却无法控制决定矿场盈亏的诸多因素，稍有不慎便会负债累累。

[①] 该体制于1647年随着查理一世的垮台而终结。
[②] 朱迪思依据《衡平法》享有受法律保护的独立资产，包括价值2000英镑的不动产及每月1000英镑的生活津贴。

事实也的确如此：朱迪思刚刚借款并抵押了自己的部分资产投入博尔比矿场，1756年的七年战争[①]便爆发了。矿工迅速流失，其中一些人或许是自愿参的军，但更多沿海村镇的年轻人是被皇家海军强征为水手的，战争导致无数家庭失去了经济支柱，雇主则失去了劳动力。博尔比矿场多名工人很可能在斯泰兹的某次夜间外出时便被诱骗上了军舰——据统计，战争期间有近75000人（惊人！）被强征入伍。

更为雪上加霜的是，1760年6月，法国私掠船劫持了博尔比明矾公司的单桅帆船达令号，不仅抢走了货物，还俘虏了船长安东尼·杰斐逊及其家人。这便是18世纪所谓"现代"商业的真实写照。

尽管如此，约克郡的明矾贸易仍顽强延续了下来。据1770年出版的《英格兰与威尔士概况》记载，每年有20至30艘船将约克郡明矾运往波罗的海，9或10艘运往荷兰，另有5或6艘驶向地中海。

*

此刻，请设想你正身处在朱迪思·贝克的位置。现在是1771年，战争已经结束，你正面临着一个重大抉择。

整个城镇都在热议一项向约克郡明矾矿主（包括你）提出的新方案。简而言之，交易的条件如下：如果你承诺将全部明矾独家出售给一家公司，该方案将保证以每吨14英镑的价格向你支付固定收入。

问题在于：你该加入这个计划吗？

从不利方面看，你或许不愿意把鸡蛋都放在一个篮子里。该方案要求你交出所有的产量，这意味着必须抛弃多年来忠诚的伦敦客户。切记，忠诚是你极为珍视的品质。当然，你也想知道方案的幕后主导者究竟是谁。而这方面的消息则多少令人宽慰——尽管这个方案是由新成立的安布罗斯·林奇·吉尔伯特与布朗公司运作的，但实际的操盘者竟然是东印度公司（西方世界规模最大、最成功的企业）主席乔治·科尔布鲁克爵士。

作为朱迪思，你开始计算起来。自投资矿场以来，你和拉尔夫一直以每吨约11英镑（偶尔12英镑）的价格出售明矾，新方案显然出价更高。其年需求量在290至330吨之间，远超你们的历史产量——此前的低价销售从未让你们有理由增产。你仔细核算了数据：即便仅完成最低产量290吨，首年的利润也将增加870英镑。如果真能把产量提升到330吨，收益便会更高。你在1756年的投资也终将获得回报了。

那么，如果你处在朱迪思的境地，你会如何抉择呢？

朱迪思与拉尔夫签署了协议。约克郡所有的明矾矿主纷纷效仿，唯有邓达斯勋爵拒绝参与。

---

① 七年战争是英国-普鲁士联盟与法国-奥地利联盟之间发生的一场战争。战争于1756年5月17日开始，1763年结束，持续时间长达七年，故称七年战争。其影响覆盖了欧洲、北美洲、中美洲、西非海岸、印度和菲律宾群岛。——译者注

*

科尔布鲁克爵士的方案是一个著名商业策略的最新变体：垄断关键商品市场，哄抬价格，再高价抛售获利。但这类策略在约克郡的历史记录并不光彩。

早在 18 世纪初，马尔格雷夫勋爵（现已获封白金汉公爵头衔）就试图通过消灭竞争对手来抬高明矾价格——他支付雷文斯卡的皮克矿场 430 英镑、卡尔顿矿场 400 英镑、索尔特维克矿场 220 英镑及其他矿场一些费用，要求它们停产 21 年。此举短期内奏效了，但随后发生了两件马尔格雷夫勋爵未曾预料的事：一是部分染匠拒绝购买他抬价的明矾，转而采购更便宜的进口货；二是约克郡废弃的明矾矿因价格上涨重新具备了经济价值而复产。结果马尔格雷夫勋爵面对的竞争者数量反而超过从前，随着总产量上升，明矾价格跌回每吨 10 英镑，该计划最终于 1736 年宣告破产。

约克郡 4 家幸存明矾厂的业主们并未气馁，随后结成我们如今所称的卡特尔联盟，协议将年总产量限制在 1500 吨，并为每家工厂分配固定配额。他们再次取得了短暂的成功——价格在 1740 年涨至 12 英镑，1746 年达到 14 英镑每吨。但染匠们却再次转向了外国供应商，废弃的约克郡矿场也再次复产，价格红利转瞬即逝。

那么乔治·科尔布鲁克爵士的方案与这些失败尝试有何不同呢？答案是规模。尽管带着典型的欧洲中心主义狭隘眼光，该方案常被描述为对明矾的"世界"级垄断（显然名不副实——温州明矾生产者可能从未听闻过此计划）。但科尔布鲁克的目标是买断英国及整个欧洲市场的全部产量。与此前策略相同,他计划在明矾低价时收购,哄抬售价后抛售获利。不过这次染匠们将无法转向外国供应商,因为科尔布鲁克会抢先买断其货源。且价格将以如此陡峭的涨幅飙升,废弃矿场根本来不及复产竞争。

当然,收购如此庞大的明矾储备需要巨额的资金。但对乔治·科尔布鲁克爵士而言这不成问题。作为东印度公司主席,他是全球信用最稳固的人物之一,因此能通过伦敦与阿姆斯特丹商人筹集方案所需信贷。事实上,他是如此成功,以至于引发了设立新机构规范融资方式的呼声——而次年伦敦便诞生了该机构。是的,我们必须将伦敦证券交易所的创立归功于明矾。

在争取到约克郡(除一家外)所有矿场及兰开夏郡一处较小的明矾厂后,科尔布鲁克将目光投向了海外。1772年的1月,列日周边的矿场签约每年向他出售576吨明矾;2月与4月,他与克里斯蒂娜·皮佩尔之子查尔斯·奥古斯都·皮佩尔达成了一份类似的协议,买断了加尔菲塔与安德拉鲁姆矿场的全部产量。瑞典的卡夫拉斯矿场也加入计划。5月,他与犹太商行所罗门与亚伯拉罕·阿拉斯德拉克谈判,买断伊兹密尔(士麦那)港口交易的所有明矾——该港自福西亚关闭后成为奥斯曼帝国出口明矾的主要港口。这些明矾很可能由骆驼从盖迪兹(旧称屈塔希亚)与塞宾卡拉希萨尔(旧称科洛尼亚)运至伊兹密尔。[①]

---

① 露西·萨瑟兰提出的7000金塔尔产量数据(约合770吨),与苏拉亚·法罗基估算的18世纪卡拉希萨尔矿区年产750吨明矾的结论高度吻合。

科尔布鲁克可能是直接与伊兹密尔商人进行了谈判，而绕过了明矾生产商，原因是在运输过程中骆驼夫经常偷窃明矾。

就连著名的托尔法矿场也屈服于科尔布鲁克的掌控。自1715年起，莱普里家族可能使用了穆斯林奴隶劳工经营该矿[①]，并与梵蒂冈及法国公司加雄公司签订了长期合同。但朱塞佩·莱普里侯爵却欣然于1772年4月签署协议，将托尔法矿场年产6000坎塔拉的剩余产量全部售予科尔布鲁克。科尔布鲁克随后直接与加雄公司接洽，抢购莱普里原定售予他们的6000坎塔拉明矾。至此，科尔布鲁克已控制除梵蒂冈供应外的全部托尔法明矾产量，实质上垄断了欧洲的明矾生产。

而为了把这些明矾卖出去，科尔布鲁克设立了两个分销中心：一个在伦敦，另一个在阿姆斯特丹（其合作银行为著名的克利福德父子公司）。这些中心在欧洲各地（从鹿特丹到里加，从圣彼得堡到士麦那，从哥本哈根到加的斯）委派代理商。1772年3月，克利福德父子公司凭借科尔布鲁克的担保发放2万英镑贷款，计划最终启动了。

明矾的价格随即飙升。《伦敦晚邮报》早在1772年4月就注意到了价格的陡升，并大胆预测年底可能达到惊人的每吨30基尼（合31英镑10先令）。由于公司已收购了多达6894吨的明矾（按低价计算价值14.7万英镑），其利润之巨令人瞠目——当然，这份成功仅属于那些投资者。投资者对明矾价格暴涨的狂喜，与制造商哀叹该计划"摧毁了众多体面商人"的绝望形成了鲜明对比。

*

然而投资者的喜悦转瞬即逝——人们很快发现该计划深陷严重危机。

首要的问题在于，科尔布鲁克所谓"垄断欧洲市场"的宣言仅仅是一个空想。事实上，欧洲三分之一的产量仍不受其控制，这些生产者可通过低价策略抢夺他的客户。此外，由于明矾成本过高，客户纷纷推迟订单，导致纸面价格虽高，实际销量极低：例如1772年的4月至10月间，英格兰仅售出29吨明矾。销量的萎靡还导致计划耗时远超预期，最终仍给废弃矿场留出了复产并以折扣价抛售的时间。

上述商业后果如果资金充足的话也还可以承受。但该计划的问题恰恰在于资金并不充裕。相反的是，该计划很快暴露出其建立在疯狂投机之上的本质。截至1772年12月，科尔布鲁克已借贷了巨额资金（约16.6万英镑），而偿债则需要持续的现金流。但他原计划通过赌约获利填补缺口——包括押注明矾价格将在6个月内涨至每吨30英镑，以及在8月前售出500吨明矾。但就第二项赌约，如果成功的话，本可净赚6万英镑用于偿债。然而两项赌约皆未实现，预期收益化为泡影，公司账目出现了巨大的亏空，计划开始出现资金枯竭。[2]

---

[1] 地中海地区的基督教与伊斯兰政权（含罗马教廷）持续奴役战俘直至1825年前后。
[2] 科尔布鲁克已向该项目注资123000英镑，另欠伦敦、威尼斯、但泽与波尔多债权人43000英镑。

关于该项目并不可靠的传闻迅速扩散开来。早在1772年7月，科尔布鲁克的合伙人安布罗斯·吉尔伯特便无法在阿姆斯特丹与巴黎获得新贷款了。到了9月，科尔布鲁克的代理商被要求降价抛售明矾，此举无疑向市场宣告其计划陷入困境。此刻，该计划更与当年持续发酵的银行业危机产生了致命共振。

银行业的动荡始于1772年6月投机银行家亚历山大·福代斯外逃事件，其欺诈行径曝光后多家苏格兰银行倒闭。同年的9月，东印度公司宣布停发股息，股价暴跌致使数千投资者血本无归，引发了进一步恐慌。英格兰银行拒绝续签40万英镑循环贷款，10月东印度公司被迫向其他投资者追缴资金，导致阿姆斯特丹（多数投资者所在地）爆发挤兑。1772到1773年冬季，克利福德父子公司破产。

明矾计划与东印度公司——这两个深陷泥潭的巨头均由乔治·科尔布鲁克爵士执掌，绝非巧合。正如他押注明矾计划，他还对东印度公司的股票进行了疯狂的投机。至1772年底，仅明矾计划就已造成超过10万英镑的损失，更惊人的是，他被揭露在投机大麻时就已累积了19万英镑债务。科尔布鲁克的高层友人勉强维持其运营至1773年，但其商业帝国终告崩塌。科尔布鲁克被迫变卖祖宅与苏活广场的住所，携家人逃往布洛涅，身后留下一群破产或濒临破产的债权人。

*

朱迪思·贝克成了收拾残局者之一。

当安布罗斯·吉尔伯特突然以"违反合同"为由向她发出传票时,她的内心深处首次敲响了警钟。朱迪思非常清楚自己并未违约。但随着灾难的全面爆发,这场诉讼迅速沦为一则无关紧要的插曲。随着科尔布鲁克垄断计划的崩溃,她的客户无力支付已收明矾的货款,朱迪思美好的利润预期彻底落空了。根据协议接收其40%产量、欠款441英镑的萨姆·舒茨商行濒临倒闭。欠款236英镑的霍金斯与伯恩已宣告破产。欠款52英镑的威廉·卡特洛夫被描述为"目前处于贫困状态",欠款6英镑的詹姆斯·雷亚则是"身无分文",欠款11英镑的某位"努加尔"已"潜逃出境"。相较之下,朱迪思甚至算得上是幸运了——托马斯·莫里斯同意她以10先令(半英镑)抵偿22英镑的债务。整个销售体系不得不推倒重建。

然而,当乔治·科尔布鲁克爵士的债权人迫使吉斯伯勒等地明矾厂倒闭时,博尔比明矾厂却幸存了下来。这充分彰显了朱迪思的能力:她与拉尔夫·杰克逊的合伙关系在动荡中依然稳固。1772年7月危机爆发前夕任命的矿区新代理人乔治·多兹也堪称行事稳健。最重要的是,这凸显了博尔比投资者的忠诚——他们本可恐慌撤资,却选择信任朱迪思的重建能力。值得关注的是,40%的投资者为女性,博尔比高级合伙人由女性担任的事实是否影响其决策令人深思。

事实上,朱迪思与拉尔夫·杰克逊最终让企业重获了新生——尽管接连遭受重创:1774年其丈夫乔治去世遗留下了6000英镑的债务,后又发现其伦敦代理人托马斯·科尔为私利构筑关系网损害了公司利益。全1784年朱迪思退居泰恩茅斯时,企业已重新站稳脚跟。而1810年她逝世之际,博尔比仍是约克郡幸存的六大明矾厂之一，年产量450吨，而地区的总产量也才2840吨。

*

在瑞典，克里斯蒂娜·皮佩尔被奉为了传奇人物。

在英格兰，毁掉国内外无数生计与企业的乔治·科尔布鲁克爵士却通过谈判从布洛涅重返故土，保留爵位并于1786年跻身巴斯城"艺术与文学精英"阶层。如今他的名字在谷歌搜索中拥有近万条结果。

相比之下，朱迪思·贝克却仍近乎无名。但她实为一名非凡的女性——正如苏珊·博蒙特所言，她是"在无前人经验可借鉴的情况下"经营着博尔比明矾厂，还为斯泰兹及博尔比周边工人提供着稳定的就业，使企业从科尔布鲁克垄断企图的破坏中重生。在取得这一切成就的同时，她还养育了两个孩子、处理了丈夫遗留的债务，以及扮演了改革派女主人的角色——通过宴请争取到了1832年改革法案前议会中支持改革派的选民。[①]

我们当感谢苏珊·博蒙特与克里斯汀·威斯金等学者，是她们让这位坚韧勇敢的女性不致被后人所遗忘。

[①] 其专业造诣令达勒姆市议会就慈善资金滥用、行业监管任命等事务屡屡征询其意见。

16 明矾、面包与恐龙

凯特尼斯，1857年。

矿场里是不是有什么脏东西？我们这些工人一个个都开始犯了疑心病。又或是监工们的幽默感委实有些古怪。因为他们时不时会叫停工作，让我们后退，以防我们挖到……您猜怎么着……鳄鱼。鳄鱼！哪个脑子正常的人会认为约克郡这地方会有鳄鱼？

蛇倒是有。我们每天开采的明矾页岩里经常会有蛇石，谁都知道这是圣希尔达[①]当上惠特比修道院院长时把蛇变成石头留下的。[②]但鳄鱼！当然每次都是虚惊一场。说实话我们倒不反感这种误报，反正我们是按天数而不是按车数算钱，趁机歇会儿也没啥损失，还能找点乐子。

直到有一天，我们正挂着铁锹和镐头一边看着监工趴在地上瞎摸索一边偷笑——他突然激动得发起疯来。他说这回我们算是找到特别的东西了。等到了复工时，他却把我们大

[①] 圣希尔达（614—680年）是7世纪英格兰诺森布里亚王国的重要基督教圣人，以其卓越的领导力和对早期英国基督教的贡献闻名。曾有传说她将蛇变为了石头。——译者注
[②] 这些岩石实为菊石化石，民间相传系圣希尔达将毒蛇点化成石。如今约克郡海岸仍遍布此类化石。

伙儿调到了矿场的另一头。看来他不想让别人碰他的发现。您听好了，是"他的"发现。我们的发现眨眼就成了他的了。

第二天几个惠特比来的体面人到了工地，他们虽然穿得很讲究，却同样趴在我们干过活的地方扒拉起来。很快我们看到他们把小石块取下来并贴上标签，然后装进箱子。等这群人带着箱子离开时，监工心情好得出奇。"今晚我请客，伙计们，"他说道，"惠特比的绅士们慷慨得很。"

这个由我们这些明矾矿工挖出来的东西——一个你此生可能见到的最古老的、体形最庞大的生物——1.8亿年前的8米长的鱼龙[①]化石，现今已成为约克郡博物馆的镇馆之宝。

*

这个发现绝非偶然。页岩本质上是压缩泥层，通常富含化石。毕竟这些明矾矿工是在约克郡海岸30英里范围内凿挖页岩，那么将我们统称为"恐龙"的生物化石作为明矾产业的副产品给挖出来，不过是个时间问题。

化石被发现的记录始于18世纪中叶而非更早，也绝非巧合。在18世纪50年代，惠特比已有不少人凭借明矾产业积累了足够的财富：他们既有闲暇时间探索自然世界，也有财力雇人开采化石，更与渴求标本的大学博物馆建立了联系。[②]因此当威廉·查普曼1758年在所谓"明矾岩"中发现了化石骨骸时，这些遗骸并未像此前那样被什么人砌入自家花园的围墙里或是私藏起来，而是经过分类保存并发表在了学术期刊上，他发现的海洋鳄鱼化石也最终得以入藏伦敦自然历史博物馆。

此时的惠特比与全国的联系更加紧密——得益于那些不敢下海的新晋富豪的推动，1764年荒野中原本"崎岖泥泞、危险难行，骑马近镇尚属冒险……载货马车更难"的小径被改建为了收费公路，使得狂热的化石猎人们得以"安然穿越这片往昔无向导不敢涉足的荒原"。

化石猎人们可以说是收获颇丰：1791年发现了第二具鳄鱼化石；1819年与1821年，如乔治·杨牧师所记录，嵌于"明矾岩中"的鱼龙（海洋爬行动物）残骸相继出土。1822年更是发现蛇颈龙化石。当地木匠布朗·马歇尔甚至因多次参与重要发现的咨询而变得小有名气起来，1824年他本人在索尔特维克明矾矿场悬崖上辨识出了古代鳄鱼吻部化石。这具被称作"完龙"③的化石，如今仍是惠特比博物馆的明星展品。

到了1828年，约克郡明矾页岩已出土了至少7具鳄鱼、40具鱼龙与4具蛇颈龙化石。1841年又增加了一具蛇颈龙遗骸，矿工1857年在凯特尼斯发现的8米长鱼龙现存约克郡博物馆。事实上化石发现一直持续到了今天——2011年化石收藏家利亚姆·兰利在朗斯威克湾又发现一具鱼龙的化石。

---

① 鱼龙是一种类似鱼和海豚的大型海栖爬行动物。它们生活在中生代的大多数时期，最早出现于约2.5亿年前，比恐龙稍微早一点（2.3亿年前），约9000万年前它们消失，比恐龙灭绝早约2500万年。——译者注
② 据我所知，约克郡化石猎人均为男性，该地区从未涌现过多塞特海岸的玛丽·安宁（1799—1847年）这般著名的女性化石发现者。
③ 完龙又被称作真蜥鳄、长口鳄，体长3米，生活在海中，有着一个排列着许多尖牙、极其窄长的嘴。生存时代为侏罗纪早期（距今约2.08亿—1.44亿年）。——译者注

*

19世纪早期，约克郡的明矾产业前景看似很是光明。总共7家工厂雇佣了500余名工人，年产明矾3000吨。明矾港口挤满了从纽卡斯尔与桑德兰运煤过来的船只。

伦敦的染匠与鞣革匠仍是约克郡明矾最主要的客户，但该产业在英格兰新兴造纸业中也同样开辟了新市场。正如我们在第三章中所提到的，中国人在8世纪时就已经使用明矾对他们最优质的宣纸进行施胶处理了。而将这一技艺传入欧洲的穆斯林造纸匠人，同样采用的是明矾施胶工艺——他们通过将明矾溶解于淀粉或蛋清中的方式，对纸张进行加工处理。造纸术1495年传入英格兰，英式造纸通常"沿袭德式工艺"使用明胶[①]混合明矾施胶。明矾赋予纸张更好的"骨感"与挺度，明胶则保护纸纤维免受明矾酸性的腐蚀。仅肯特郡梅德斯通的沃特曼土耳其磨坊一家纸厂，18世纪末的年采购量已近3吨。

自19世纪30年代起，造纸者为节省成本改用了明矾与松香混合施胶替代明胶。这导致纸张变得脆化发黄——如今我们熟知的旧报纸与文献常态会发黄，就是因为松香对纸纤维的保护不及明胶。但沃特曼的高端客户仍使用顶级的纸张，因此维多利亚女王书信、透纳素描、拿破仑遗嘱、华盛顿文件与苏联20世纪30年代五年计划等文献得以完好保存——它们用的都是明胶加明矾施胶的纸张。

艾尔斯伯里及周边地区的编辫工也用明矾为卢顿制帽业所需的麦秆染色。而沃尔特·怀特还知晓明矾的其他用途。

在1861年考察约克郡明矾厂时,他就写下了当地产的明矾被"染匠、皮革匠、药剂师、脂烛商"以及"面包师……与其他狡诈行当"使用的记录。是的,明矾常被用于面包掺假。这一丑行一直延续到了19世纪,明矾竟因此得名"面包师佐料"。马克思1867年出版的《资本论》中,其中提及明矾时并没有出现布料、皮革或纸张的字样,唯独提到了掺假的面包。

*

食品掺假绝非是个新问题,亦非英国独有。自乔叟时代起,奸诈的磨坊主便因此臭名昭著,19世纪末远在中国的盐商亦通过掺杂泥土、石膏与明矾"提升利润"。

但在19世纪的英国,面包掺假的问题尤为严峻——此时社会正经历城市化转型,越来越依赖工厂化生产的面包。1801年英国城镇人口占比为20%,至1901年该比例就逆转为乡村人口仅剩20%了。这场剧变带来了重大的后果:人们从自给自足转向购买食品,面包师若在里面动手脚,危害可以说是远超往昔。

而面包师也确实在捣鬼。他们公然违反1757年禁止添加剂的法令,毫无顾忌地在面包里掺入白黏土、白垩、骨粉、骨灰、石膏、肥皂、锯末、干马粪等"美妙、营养且健康的配料"——出自马克思在《资本论》中的讽刺语。

---

① 明胶是经胶原适度水解和热变性得到的产物,生产明胶的原料主要是动物的皮、骨及制革业废料等。按其性能和用途可分为照相明胶、食用明胶和工业明胶。——译者注

但其中最重要的便是添加明矾，原因也是显而易见的：不但和其他添加剂一样能"增重"面粉（1822年起面包按重量销售），明矾更能让面包呈现出诱人的白色——即便原料可疑。这种"美白"至关重要，因当时全民追捧富人食用的白面包。1857年医师亚瑟·哈索尔检测了74条面包，发现每一条都含有明矾。即便那些声称自己未使用明矾的面包师所制的产品亦含明矾——因为磨坊主同样参与了作弊，哈索尔检测的8份面粉样本中4份含有明矾。

揭露这桩丑闻的重任，最终落在了旅居伦敦的德国化学家弗里德里希·阿库姆的肩上。这位原本是为筹建伦敦首座煤气厂而来的学者，在1820年出版了《论食品掺假与烹饪毒物》专著。他在书中特别指出明矾在面包中的滥用："为了满足伦敦消费者心血来潮式追求的极致白度，（面包师）必须……对面团进行漂白，而为此目的最有效的物质莫过于明矾。"阿库姆大胆公布了因食品掺假而被起诉的商人名单，但可悲的是，此举非但未能提升食品安全标准，反而令他在1821年遭人构陷贪污罪名，最终被迫流亡异乡。

明矾与其他添加剂显然有害健康。1855年下议院特别委员会获悉，售予穷人的面包中仅含四分之一应有的营养。这些添加剂也没能降低面包价格——1857年劳工周薪12先令时，每条面包售价1先令（占周薪十二分之一）。

阿库姆直指此举堪比盗窃行为。他质问道："为何'抢劫路人几先令的匪徒会被判死刑……而向全社会投毒者却能逍遥法外'？"富人会雇佣私人厨师，所以穷人成为了主要受害者。他们挤在急速扩张的城镇里，既无空间、时间，亦无烤炉自制面包，只能被迫购买含明矾的制品。狄更斯的《圣诞颂歌》[①]中克拉奇特一家食用的肯定就是这种含明矾面包。

明矾不仅剥夺了穷人的营养，更会直接危害他们的健康。历史学家苏珊娜·利普斯科姆博士指出：明矾的酸性会损伤胃部，引发肠道问题、便秘与慢性腹泻（对幼儿可致命）。时人认为明矾还是导致19世纪中叶肆虐英国城市的可怕疾病——佝偻病的诱因之一。该病扭曲人体骨骼，会造成"发育迟缓、头颅硕大、胸廓畸形、长骨弯曲、腕踝肿大"。难以置信的是，伦敦近60%儿童患上了佝偻病，小蒂姆·克拉奇特[②]可能同时罹患此病与肺结核。

怀疑明矾直接导致佝偻病的专家还包括了约翰·斯诺医生。其言论颇具分量，因他曾通过关闭被污染水泵成功遏制了伦敦苏活区的霍乱疫情。1857年他在权威医学期刊《柳叶刀》发表了明矾会导致佝偻病的假说——这次他又触及了真相：佝偻病的直接诱因虽是缺乏维生素D，但正是明矾引发的肠道炎症阻碍了人体从食物中吸收该维生素。

政府于1862年出台《食品掺假法案》可收效甚微，1872年再颁的法案仍无建树。直至1875年《食品与药品销售法案》

[①] 《圣诞颂歌》是英国文学巨匠查尔斯·狄更斯最具影响力的中篇小说，1843年12月19日首次出版即引发轰动。这部作品不仅重塑了现代圣诞节的文化内涵，更以魔幻现实主义的叙事开创了道德寓言的新范式。讲述了守财奴埃比尼泽·斯克鲁奇在圣诞前夜遭遇3位幽灵，并在幽灵启示下，完成了从"金子般冰冷"到"火炉般炽热"的人格蜕变，最终通过救助病弱的小蒂姆、提高雇员薪俸实现了自我救赎。——译者注

[②] 小蒂姆·克拉奇特是英国作家查尔斯·狄更斯在1843年中篇小说《圣诞颂歌》中塑造的经典文学形象。他是故事中贫困职员鲍勃·克拉奇特的幼子，维多利亚时代底层儿童的缩影。——译者注

将食品掺假本身定为犯罪（无需证明销售者知情），情况才得以改善。据估算，到1888年时，面包的掺假率已降至0.6%。

营养不良的恶果则持续发酵。1880年英国为第一次布尔战争招募士兵时，34%以上的应征者因佝偻病等贫困有关的疾病无法服役——明矾就在其中扮演了推手的角色。

*

我们这个关于明矾的故事即将收尾了，但在完成此章前我必须弥补一个缺憾。

谷歌统计显示，我在本书中使用"工人"一词已经有50次了——但与扎卡里亚家族（福西亚矿）等企业家或朱迪思·贝克（博尔比矿）等矿主不同，那些遍布不同时代与地域的明矾工人，从未以独立个体的形象出现，没有生平、生日、家庭甚至姓名。诚然，全球明矾工人多属文盲，基本没能留下自身视角的生活记录。但正如诺贝尔和平奖得主埃利·维瑟尔[①]所言，我们"不可将任何人视作一个抽象的概念"，每个人都该被视作"带有自己秘密、珍宝、痛苦与小胜利的独特宇宙"。所以，谨以此文献给各地的明矾工人，让我们尝试还原一下19世纪约克郡某位明矾工人的生命之旅吧。我无法走进他们内心的隐秘世界，但至少可以勾勒其中某些生活片段。

托马斯·坦普尔，约1797年生于克利夫兰区斯克尔顿村。他是1781至1801年间在斯克尔顿诸圣堂受洗的512名儿童之一。村中的权贵在教堂设有刻名专属座席，坦普尔家族则与穷人们一起坐在后排——墙壁上"上帝之眼遍察善恶"的警示在他们看来只是毫无意义的涂鸦,因为他们大字不识一个。

当时农村里的常规就业模式就是男性务农,而女性很少去工作。但斯克尔顿村是个例外——东西两侧的吉斯伯勒、洛夫特斯与博尔比明矾矿场会同时雇佣男女工人。这些工人通常自养奶牛或猪羊作为应急储备,牲畜在村外小径旁的公共牧地吃草时,主人们就可以去矿场劳作了。

19世纪初对多数人而言是一个充满艰辛的时代。拿破仑战争推高了粮价,严寒的冬季更使物价飞涨。1816年印尼坦博拉火山喷发的尘埃又遮蔽了夏日,导致了有记录以来最冷的7月与粮食的严重歉收。尽管19世纪法律规定偷猎者须受鞭刑苦役,但饥荒还是加剧了偷猎活动——寡妇克纳格斯就因偷挤邻居的奶牛喝奶而被判了两个月的苦役。

本来像托马斯这样的孩童是无学可上的。斯克尔顿首所学校是在1814年建成的,那时他已17岁了。抛开粮价与饲料成本外,他在成长时期灌满了耳朵的两大话题或许构成了他最接近正规教育的认知。

其一是对法军入侵的恐惧。这种恐慌是真实普遍存在的——虽然事后证明入侵从未发生,但当时全民受训于民兵组织以便在战时充当本土防御力量。少年的托马斯就曾目睹

---

① 埃利·维瑟尔(1928—2016年),1986年诺贝尔和平奖得主,美籍犹太人作家和政治活动家。1928年,维瑟尔生于罗马尼亚的犹太人聚集区。1944年,16岁的维瑟尔和家人一起被送到了波兰的奥斯维辛集中营。丁1945年在布痕瓦尔德集中营重获自由。他的写作主题是关于大屠杀的记忆,被看作"大屠杀活教材",1986年维瑟尔因为通过写作"把个人的关注化为对一切暴力、仇恨和压迫的普遍谴责"而荣获和平奖。——译者注

朋友在当地志愿协会操练着杀人射击术。距斯克尔顿一日脚程的哈特尔浦也曾传说有民众吊死了一只从法国沉船逃生的猴子（被当地人误认为了法国人），此事虽系杜撰却折射出了当时那个时代的疯狂。

其二是虽然不像法军入侵那般惊心动魄，却更具深远的破坏力——这便是被委婉称为"圈地运动"的土地合法化掠夺。在这场由土地贵族推动的政策下，英格兰的公共草场与宽阔绿篱尽数沦为私有领地，被围墙树篱圈禁起来。圈地浪潮在不同时期席卷各地，而克利夫兰地区[①]自1813年始也遭此劫难。少年托马斯一定经常会听到父母与乡邻的痛诉：如今连放牧牛羊的方寸之地都无处可寻了。多数雇农被迫变卖或宰杀牲畜，失去了至关重要的应急收入来源。他们对此完全无能为力，因为这已成为了国家法律，而托马斯所属的阶层——无论男女——皆无选举权。

圈地运动令托马斯这样的贫民更难以摆脱济贫院的阴影——先是斯克尔顿镇的救济所，继而是1838年吉斯伯勒那座更为阴森的巨型收容所。但最令人胆寒的当属诺萨勒顿矫正院，其囚徒数量呈现出骇人的增长态势：1824年关押了268人，1833年是306人，1843年则飙至710人，到了1853年竟达862人之众。1821年，该院添置了新型酷刑装置：囚犯们每日需在踏车[②]刑具上劳作6到10小时，每劳动10分钟休息5分钟，日均攀爬高度相当于5000英尺（1660米）。很快5台踏车便相继启用了，但竟然还是不够：1845年他们建成了号称"世界最大（实为最残酷）"的踏车系统——一架94名囚犯并肩踩踏的死亡转轮。

236

而托马斯·坦普尔是如何在这般困境中得以生存且免于入狱的呢？据人口普查记录，他靠的是辗转于各地求职。

1831年托马斯住在桑德森附近的莱斯镇。到了1841年，他已迁到斯坦顿代尔了，从事和农业有关的劳工工作。1851年他仍居住在斯坦顿代尔，身份却转为了明矾工人——最近的明矾厂是雷文斯卡的皮克矿场，托马斯每天需要步行3英里上下班。1861年时他再次搬迁至吉斯伯勒的南沃特福，时值阿尔伯特亲王逝世，维多利亚女王进入哀悼期，约克郡开始兴起了对一种名为黑玉的闪亮黑色宝石的开采热潮。而时年63岁的托马斯当时在从事何种职业呢？毫无疑问，他已是一名黑玉矿工了。到了10年后的1871年，73岁高龄的托马斯仍在劳作——此时身份仍是一名黑玉矿里的苦力。

这是一段充满了迁徙、适应、勇气与苦力的非凡人生。在人口普查间隙的那几年里，托马斯可能更换过更多住址与工种。但途中他仍然做到了成家育子：1827年他迎娶了小他9岁的伊丽莎白（原姓帕克），新婚即经历了前两个孩子（1827年的伊丽莎白与1831年的简）夭折的创伤。伊丽莎白随后在1831至1845年间连生6子，其中4人成为已经取代了约克郡明矾产业的黑玉与铁矿的矿工。③老两口也得以终享天伦之乐。

---

① 英国历史上存在多个"克利夫兰"，此处特指北约克郡克利夫兰丘陵地带，而非现代行政区的克利夫兰郡。——译者注
② 踏车是1818年由工程师威廉·库比特发明的，最初用于谷物研磨，后被用于充当刑具。到了1824年时，英国已有57所监狱配备了踏车，日均"踩踏量"相当于攀登圣保罗大教堂穹顶12次。——译者注
③ 詹姆斯（1831年）、约瑟夫（1833年）、约翰（1836年）、托马斯（1839年）、亚当（1842年）与威廉（1845年）。其中前三子及亚当皆成了矿工。

237

1871年的人口普查显示，托马斯与伊丽莎白携威廉与约瑟夫两子住在吉斯伯勒的贝尔曼盖特。坦普尔家的男孩们似乎在很多年里都和父母住在一起。他们的房子是何模样？是否如19世纪30年代末J.C.阿特金森牧师在斯克尔顿所见的那样——"泥地凹凸不平，两侧隔出全家寝室……无阁楼亦无'房间'，唯破衣烂衫与饲料捆杂陈"呢？我们已然无从知晓了。

　　如今我们在贝尔曼盖特见到的古老村舍看似古朴典雅，但我们千万不可对过去的艰苦岁月抱以什么浪漫的幻想。1960年，贝尔曼盖特的多处房屋被强制征购令"清理"掉了。而在如今其美景可堪成为当地风景明信片的朗斯威克湾，其卫生条件之恶劣在当年可以说是令人发指——迟至1866年，该村仍暴发了霍乱疫情。前来调查疫情源的卫生督察写下了这样的文字："我们发现此地环境之惨状，实非笔墨所能形容。巨型粪堆成群……众多房屋正在腐朽，既无人阻止亦无人加速其坍塌……孩童与成人的粪便遍布各处，阻碍访客通行，真切印证了厕所的极度匮乏……若各类热疫乃众人渴求之物，则没有比此地更能确保疫病绵延不绝的了。"

　　然而即便生存环境如此恶劣，托马斯仍得享高寿。事实证明这并非特例。尽管分娩与婴儿夭折率骇人听闻，流感、白喉、麻疹、百日咳与伤寒等传染病更是致命常客，但仍有相当数量的人——即便是贫民——得以长寿。在托马斯的前半生（1813—1852年）期间斯克尔顿埋葬的799人中，133人年龄在70至80岁之间，109人是80至90岁，19人则活到了90至100岁，更有两位寿星享年101岁。

曾从事明矾行业的托马斯·坦普尔于 1880 年以 83 岁的高龄辞世了，生育过 8 个子女的伊丽莎白则在同年离世，享年 74 岁。这对一起经历了 53 载婚姻悲欢的夫妻，最终相携长眠于吉斯伯勒的土地之下。

*

另附补遗：

通过次子约瑟夫的一支血脉，明矾工人托马斯与其妻伊丽莎白·坦普尔成为了 2011 年与威廉王子成婚的凯特王妃的高祖父祖母。

而明矾产业对英国王室的影响——仍尚待观察。

17 终结与余波

1841年，从惠特比港运出去的明矾超过了3000吨——这个数字堪称惊人。20年后，沃尔特·怀特目睹博尔比明矾厂"满载明矾的货车"穿梭不息，近海更有"百余艘大小船只"为当地明矾产业提供运输服务。

在外人眼中，约克郡的明矾工业在19世纪中叶似乎正处鼎盛时期。在1851年举办的伦敦万国工业博览会上，明矾以巍峨晶体柱的形式展出，其高度令围观者仰止。许多人驻足观赏，或许还有一些人——如果他们听从了摄影师、教育家兼作家塞缪尔·普劳特·纽科姆关于儿童如何探究展品的建议——会去舔舐它也说不定。

但约克郡明矾工业实则已经危机四伏了。值得注意的是，伦敦世博会（及1878年巴黎世界博览会）展出的明矾根本就不是约克郡所产，而是来自新兴的竞争对手。在格拉斯哥郊外的赫利特与坎普西，查尔斯·麦金托什——这位因为对化学与纺织品产生了兴趣而最终发明了防水雨衣的发明家——开创了一种新型的制造工艺：不再使用敞口锅，而是在锅炉炉膛里浓缩明矾液，此法恰如中国温州工匠沿用了数个世纪的传统手法。该技术使麦金托什能从等量页岩中提取到了更

格拉斯哥赫利特明矾工场

查尔斯·麦金托什——此人后因发明防水雨衣闻名于世——研发出一种更高效的明矾制造法：以密闭锅炉蒸煮浓缩液，替代约克郡采用的敞口锅熬炼工艺。此举引发明矾价格暴跌，也敲响了约克郡明矾工业的丧钟（来自维基共享资源）

多的明矾，并大幅压低约克郡制造商的价格。到了 1835 年，明矾价格跌至每吨 12 英镑，1846 年更是降至了 9 英镑 10 先令。很快，麦金托什便为格拉斯哥及周边地区的染坊供货，其中包括佩斯利约 17 家专精于装饰性泪滴纹样（即后世所称的"佩斯利花纹"①）的作坊。

事实上，自化学家们开始尝试利用硫酸生产明矾开始，明矾工业的衰亡便已显露端倪了。法国因缺乏明矾石与明矾页岩资源，始终在引领这项研究——1787 年，法国化学家让-安托万·夏普塔尔率先通过将含铝黏土暴露于硫酸制造废气中的方法制得明矾。虽然这个工艺没能立即风靡全球，但很快便满足了法国纺织业的明矾需求，从而削弱了该行业对托尔法传统矿源的依赖。

1846年起，英国化学家彼得·斯彭斯在兰开夏郡彭德尔顿改良了夏普塔尔的工艺，利用硫酸处理廉价煤矿废料，以更低的成本、更快的速度生产出了明矾。其月产量竟然超过约克郡沿海明矾工业年产量的总和，至1862年，斯彭斯已占据了英格兰明矾总产量的半壁江山。

　　致命的一击来自合成染料的发明——这从根本上消解了人们对明矾的需求。英国化学家威廉·珀金率先推出首款合成染料，他发现酒精萃取的苯胺混合物不仅能产生浓艳的紫色，且具备耐洗耐晒等特性。换言之，这种染料自带了固色剂，至此明矾作为全球纺织业首选媒染剂的地位便宣告轰然崩塌。随着各色苯胺染料相继问世并投入商用，明矾渐成多余之物。

　　明矾工业本是工业革命的先驱，但当革命浪潮真正来袭时，其变革速度却令该行业望尘莫及。这也解释了为何明矾工业的消亡会如此迅疾、彻底和决绝。

　　1866年，洛夫特斯明矾厂尚能产出明矾411吨，至1871年时已全面停产了。吉斯伯勒与桑德森的厂区在前一年便已关闭。朱迪思·贝克家族经营的博尔比明矾厂则还在垂死挣扎，试图转型生产副产品泻盐，最终也是徒劳。同洛夫特斯厂区的命运相仿，在1871年彻底熄火。1900年的照片中尚可见其高耸的烟囱，到了1910年就仅余残垣断壁了。

　　而欧洲大陆亦上演着同样的剧本。

---

① 佩斯利花纹是一种印度特色面料上的花纹图案，诞生于古巴比伦，兴盛于波斯和印度。而佩斯利原是苏格兰西部的一座城市，因19世纪在此地运用佩斯利涡纹旋花纹制成的羊绒披肩非常有名，从此佩斯利花纹便被以该城名字命名为"佩斯利花纹"。——译者注

普鲁士最大的明矾厂——位于波恩对岸莱茵兰霍尔兹拉尔的埃纳特－哈特厂区——1850年尚处全盛，1853年建筑图纸还显示其拥有数座大型厂房与双烟囱系统，1875年却已关停。[1]

在更东的地方，东图林根州的莫拉西纳与耶利米亚斯·格吕克明矾矿[2]，曾令其所有者弗雷格银行家族豪掷2400万法郎赎金（占拿破仑向莱比锡城勒索总额的三分之二），并于1819年购回萨克森王冠珠宝。然而这两座矿场均于1860年前闭坑。再往东的普劳恩明矾矿虽冠以"永恒生命"之名，亦于1826年宣告投降。

瑞典的拉托普明矾矿1765年投产，1869年宣告关闭。但此地特有的橙红色明矾页岩在产业垂死之际却获得了新生——煅烧后的页岩碎料被用作了网球场与田径跑道的硬质表层。

曾几何时，冲天而起的页岩煅烧浓烟、刺鼻的尿液散发出的发酵恶臭、吞噬了森林的燃料需求、改变了地貌的矿渣巨丘，一起构成了明矾工业不可磨灭的印记。而如今，这一切都不可逆转地淡出了人类的视觉与嗅觉领域。

数个世纪以来，明矾工业始终在亵渎着地球的容颜。而今，它却骤然消逝无踪。

*

明矾工业就这样淡出了人类的记忆，仿佛当年那轰鸣、恶臭、劳役与产业本身从未存在过。而各处明矾矿遗址的命运轨迹却大相径庭。以埃及哈里杰绿洲为例——这个曾为法老、罗马拜占庭帝王与伊斯兰哈里发供应过明矾的古城——在 2015 年申报联合国教科文组织遗产时，其申遗材料就详细记载了神庙、罗马要塞、拜占庭基督徒墓群、地下引水渠与商队路线的位置，偏偏对哈里杰明矾矿只字未提。

热那亚人的精神仍存续于福恰（古福西亚）与费奥多西亚（古卡法）的城堡之中，尽管今日所见多为奥斯曼时期遗存的痕迹。伊斯坦布尔壮丽的加拉塔石塔（1348 年由热那亚人建造）至今仍是城市地标。但曾通过向东地中海乃至布鲁日、南安普顿输送明矾而支撑热那亚帝国的福西亚与科洛尼亚矿区，仅余地名昭示着往昔的荣光：福西亚的"沙普特佩西"意为"明矾山"，而塞宾卡拉希萨尔（前文有过表述）即"明矾黑色城堡"。唯有屈塔希亚仍在从事着明矾产业，其盖迪兹矿年产约 2 万吨，主要供医药与化妆品行业使用，在染色领域已是无足轻重了。

在热那亚老城区中心，街道两旁矗立着多利亚、斯皮诺拉、洛梅利尼与朱斯蒂尼亚尼等家族修建的豪华宫殿——这些家族多数都是借着明矾贸易发的家。在入选联合国教科文遗产的 40 余座建筑中，竟有 2 座出自欺诈教皇托尔法明矾收益的矿业大亨托比亚斯·帕拉维奇诺之手：其一是加里波第大街的卡雷加-卡塔尔迪宫，其二为佩斯基耶雷别墅。1844 年游历意大利的狄更斯曾下榻后者，惊叹其是"比白厅大四倍不

---

① 此地通过燃烧本地褐煤获取煤灰以制备明矾。
② 位于施米德菲尔德的莫拉西纳明矾矿与位于萨尔费尔德近郊加尔恩斯多夫的耶利米亚斯·格吕克矿。

伊斯坦布尔加拉塔石塔
加拉塔石塔由热那亚人建于1348年，乃现代伊斯坦布尔的地标。此塔不仅见证热那亚在东地中海与黑海地区的贸易帝国盛景，更昭示该帝国基业实赖明矾贸易铸就（来自维基共享资源）

止的宏伟存在"。[①]

托尔法的明矾矿虽未能资助十字军东征，却意外成为了教廷的财源。其遗产包括为矿工建造的阿卢米埃雷小镇，以及更令人惊叹的独特混交林——这片山毛榉、橡树与栗树共生的茂密森林得以在意大利南部存续，全因1608年实施的早期林地管理政策，旨在确保矿场燃料供应。

全球多处明矾矿遗址转型为了旅游景点。德国普劳恩"永恒生命"矿或许真的获得了永生，游客可深入矿坑探访。萨尔费尔德附近的耶利米亚斯·格吕克与莫拉西纳矿则变成了婚礼礼堂。[②]捷克霍穆托夫矿坑积水成湖（卡门科维湖），其1%的明矾浓度让水里面寸草不生、鱼虾绝迹，被誉为欧洲"死海"。

瑞典克里斯蒂娜·皮佩尔曾经拥有的安德拉鲁姆矿[③]与

248

新南威尔士布拉德尔矿则铺设了解说步道,讲述着产业往事;犹他州阿卢奈特矿废墟却位列于美国西部"鬼镇"名录之中。保存最完好的当属中国温州的矾矿遗址——矾山镇福德湾的窑炉群与矿工村落已整体转型为工业博物馆,并凭其林立的烟囱窑群,成为中国首个获联合国教科文组织工业遗产认证的遗址。

萨尔费尔德旧明矾矿
宗教改革后,新教国家为摆脱对托尔法明矾的依赖,开始自主探寻明矾资源。德语区矿工率先实现技术突破——从明矾页岩中提取明矾。德国境内多处旧明矾矿场现已向公众开放(来自维基共享资源)

① 昔日明矾工坊遗址部分掩藏在阿卢米耶雷社区体育场之下。
② 耶利米亚斯·格吕克与莫拉西纳矿井改成为呼吸系统疾病患者服务的场所,其内部无菌无过敏原的空气极具疗愈价值。
③ 基纳库勒、克瓦尔恩托普与安德拉鲁姆矿区从明矾页岩废料中成功提取出了铀、石油及钒。

249

桑德森的旧明矾工场
约克郡明矾工业的相关建筑多已湮灭，但其长期影响清晰烙印在凯特尼斯、桑德森等昔日矿场的海岬之上。废弃明矾矿渣堆积成厚层，形成荒芜的月表般地貌，与前景茵茵绿草构成了鲜明的对比（来自维基共享资源）

令人意外的是，英国明矾工业遗存如今却难觅踪迹。怀特岛明矾湾与伯恩茅斯明矾峡皆属地名陷阱，见证了人们徒劳的寻矿史。约克郡雷文斯卡的国民信托步道旁，解说牌子还在竭力阐释蕨丛石楠间散落残垣的意义。博尔比附近尚存着坑道遗迹，利特尔贝克小径通往某矿洞的入口，而惠特比的桑德森停车场的石墙竟然就是当年明矾工厂的外墙——这些历史的碎片终是难成体系。

真正的见证者藏于别处：昂首远眺吧，伸向海洋的岬角以恢宏姿态昭示着约克郡明矾工业史。这些本应平坦的岬角，其垂直临海的崖壁却仿佛遭到了巨兽啃噬，只留下凹凸嶙峋的剪影。沟壑间并非绿草紫蓟、黄荆褐蕨，而是覆满乳灰色松软的明矾页岩废料。这层贫瘠沉积是如此深厚，植被徒劳挣扎，当人们走在其坚硬的表面上，竟会感到一丝轻微的陷落感——正如笔者在斯金格罗夫南岬偶遇的那对波兰情侣所说的那样——"恍若漫步在月球"。

当然，这地方并没有巨兽，也并不是月球。奇崛的岬角轮廓与厚重的页岩层，正是约克郡存续了250年之久的明矾工业留给尘世的沉默见证。

18 明矾、一个未解之惑与一个意外的答案

在我撰写本书时,一直有一个疑问萦绕在我的心头。

好吧,明矾的传奇故事固然在全球贸易网络这个框架下做到了逻辑自洽——数百年前某人发现它的固色特性,然后这个知识便沿着商路传播到了各大纺织业中心。

前面听起来还不错,但是那些从未涉足这个广阔贸易网络的人,一定也同样渴望衣物上鲜艳的色彩。他们是如何应对的呢?他们是否独立发现了明矾的奥秘?又或是找到了其他同等效果的媒染剂?

关于这个问题的答案我又该去何处寻找呢?毕竟这些人往往很少有文字记载可供考证。

幸运的是,普鲁士哲学家、探险家、科学家与文人亚历山大·冯·洪堡为我指明了方向。这位深谙明矾特性的矿业监察长,曾于1792年7月视察了莫拉西纳明矾矿以便使其提升产能。此举源于腓特烈·威廉二世所推行过的马铃薯种植计划——后来这个计划因为疫病的肆虐而濒临崩溃,而明矾恰恰是防治该病害的核心武器。

洪堡对矿工的关切是如此深切,以致他自己险些命丧于明矾矿。他曾发明了一种装置，可让矿工在受困地下时能够延长照明时间。1796年，洪堡在拜罗伊特附近的巴特贝内克矿缺氧区测试了该装置。结果如何呢？装置确实维持了微弱的火苗，但洪堡却因缺氧昏了过去，幸得向导及时施救方得生还。

当他于1799至1804年间考察南美时，洪堡在委内瑞拉北部的库马纳海岸发现土著正在交易明矾。而他对明矾已经很熟悉了。

因此他发现那不是他所熟知的东西。

此物体迥异于托尔法明矾石或是莫拉西纳矿页岩，洪堡当时就辨识出这是一种类似哈里杰绿洲湖床上的天然蒸发明矾结晶。

关键在于：委内瑞拉的染匠与鞋匠正在用此晶体固色织物皮革，而对此毫不知情的西班牙殖民者却一直还在从本土进口明矾——这是土著群体独立发现了明矾媒染特性的一个强有力的证据。

这就解答了我刚才提出的问题。洪堡所目睹的土著肯定游离于全球商路之外，却靠着自己的力量探得了明矾的媒染功能。如果这个族群能做到，那别人也一定可以。凯·安图内斯·德马约罗在《秘鲁天然染料植物》中就明确记载过安第斯染匠使用明矾的例子。

至于是否存在其他媒染物呢？答案也同样令我惊异。

一些植物可以作为媒染剂，虽然它们的效果逊于明矾，但也不是不能用。依赖此类媒染剂的人群，其衣物色泽固然难与北京、伊斯坦布尔及布鲁日的织品媲美，但这种差异在他们看来也许没那么重要——织物的明艳度也许本就不是他们首要的考量。

我们现在还知道，石松（扁枝石松）也是一种广泛应用的植物媒染剂。维京人就曾用石松染布，甚至在英格兰与苏格兰染坊的遗址里发现过其踪迹。盎格鲁-撒克逊人在接触地中海明矾前也用过这种方法。芬兰出土的800至1300年间的羊毛披肩残片分析显示，其染色同样依赖石松。此类用法从波兰延续到了冰岛，北美前哥伦布文明或许也是如此吧。

那么石松的媒染效果究竟如何呢？在2015年约克的维京博物馆被洪水损毁了其中的珍贵织物后，我们意外获得了验证的机会。因为维京人就是用石松作为媒染剂的，因此修复时博物馆特意用石松去给羊毛染色。为了进行对比，选了一批黄羊毛改用明矾处理。结果经明矾处理后的色泽呈现鲜亮浓郁，但经石松处理的成色亦属上佳。

于是我们终于得到了答案。石松属于生物富集植物——其机体可蓄积特定的外来物质。而其所富集者，正是明矾。

无独有偶，印尼织工使用的山矾树皮——东亚原生植物——也同样是明矾生物富集体。

由此看来，那些未能掌握明矾提纯技术、看似使用其他媒染剂的族群，实则是通过试错选择了天然富含明矾的植物。换言之，他们始终在使用明矾而不自知。

对于在撰写本书过程中已成为明矾爱好者的我而言，这无疑是我想要听到的最为美妙的结论。